U0012482

翻轉學

翻轉學

想做的事
都做得到的
時間駕馭術

人生時間盒、時間收據、人生兌換券......
20 種時間管理法寶，讓你分秒不浪費，
拒當時間貧民

朴大輝 (박대휘)——著 **楊筑鈞**——譯

행복한 사람은 시간을 잘 씁니다:
원하는 것을 모두 이뤄주는 4단계 시간 사용법

目 錄

第 **1** 章 你究竟擁有多少時間？

目 錄

第 5 章　自我「回饋」，離目標更近

好評推薦

「不僅是以終為始設定目標，或是重塑你對時間的看法，這本書結合多種管理概念與生活案例使讀者易於吸收，善用各種表格與工具帶你盤點生活，跟著這本書走，你就能一步步踏實地往目標邁進！」

—— 陳沛孺，閱讀塗鴉實驗室

作者序
時間管理的關鍵是「態度」

　　人雖然不能決定自己的生與死，但除此之外，其他都能隨心所欲。這本書完整描寫我 7 年來與學生們見面時，想要給軟弱無力的他們帶來希望的心情。每當我看到那些放棄夢想，整天沉迷於遊戲和手機的學生時，身為生活在這個時代的前輩，我都會感到萬分痛心。

　　「我不能為那些無能為力的人做點什麼嗎？」為了尋找這個問題的答案，我開始進行各方面的學習，而這個答案可以從「自我」和「時間」中找到，能夠正確認識自己和懂得珍惜時間，就是改變的出發點。

　　但令人意外的是，我們其實並不了解自己。如果有人問你：「活到現在，你認為自己最珍視什麼價值？請說出三樣。」大部分的人不會馬上回答，因為我們念書的時候，從來沒有被別人問過這樣的問題或學習過這件事。此外，電視和手機不會輕易讓我們有時間進行這種有價值的思考，因此現在所有的事情都要先暫時停下，讓我們來回顧自己。我們應該對自己提出「我走到哪裡

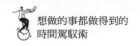
了？這條路是不是我想要走的路？走這條路，我死的時候會不會後悔？」等問題，而這本書就是希望能幫助我們回答這些問題所寫的。

為了過上一個不會後悔的人生，我們必須正確地了解自己所擁有的時間，要明確弄清楚時間有什麼特徵，時間的概念是什麼，以及留給自己的時間是多少，而在這些時間裡自己可以做到什麼。雖然每個人每天都在使用時間（根據谷歌〔Google〕統計，「時間」一詞的搜尋次數比「金錢」還要多上 3.2 倍），但我們對時間卻不了解，大概只知道一天有 24 小時，以及時間一旦過去就無法倒回而已。

其實時間和生命沒有兩樣，如果有人對你說「就幫忙我一個小時」，那等於要走你生命中的一小時，當然，若是有價值的事就不會覺得可惜，但如果是任何人都能做的事情，那情況就不一樣了。

因此，**如果不能養成珍惜時間的態度，即使再怎麼管理時間，還是只能原地踏步，因為時間管理的答案在於「態度」**。根據人們以什麼樣的態度來對待時間，結果也會產生巨大的變化。時間要用來和珍視自己的人共享，要花在為那些人帶來價值或意義。在我們擁有的資

源中，沒有什麼比時間更寶貴了，我們要用這寶貴的資源，來實現我們想做的事情，而這本書將陪伴你，走上不後悔的人生之路。

本書共分為 5 章，第 1 章是關於時間的故事，讓我們再次感受時間的寶貴；第 2 章至第 5 章則是關於時間管理系統的說明，講述了「目標」、「計畫」、「執行」與「回饋」的做法。首先，在「目標」的部分提到關於驅使自己動起來的那些「做、成、食、得」（想做的事、想成為的人、想吃的東西、想得到的東西），並且用「人生兌換券」來描繪出自己的宏圖，而這也可以描繪出自己內心世界的時間；「計畫」的部分則包含了分析每次失敗的原因，以及如何制定計畫，讓自己更容易能夠完成目標；在「執行」的部分，我們會檢視破壞計畫的誘惑，並提供專注一件事的方法，以及能夠好好遵守計畫的祕訣；最後在「回饋」的部分，則是每天用「5 分鐘回饋」來回顧自己，判斷自己有沒有把事情做好，並依此調整方向。此外，為了讓我們能夠客觀地看待自己，也可以使用清單確認。

我得到了一個從天而降的禮物，這是我這輩子所

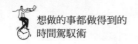
見過最巨大的大理石，我日復一日用鐵鎚與鑿子雕刻著它。起初我看著這顆巨大的石頭，因為不知該從何下手而倍感茫然，於是先用鐵鎚與鑿子在某幾處鑿了幾下，但我每鑿一下，從大理石掉出碎片時，我也跟著感受到疼痛，就好像大理石和我是相連的。我站在選擇的十字路口，不知道我該繼續雕刻它，還是放手不管？我決定先放著不管，反正雕刻出來也只是石頭，沒什麼看頭，因此我停止雕刻，抬頭環顧周圍其他的大理石。我被其中一件雕刻作品吸引住了，它美得讓人內心澎湃，於是我訪問了站在這個美麗作品前的雕刻家。

「您是怎麼雕刻出這麼美麗的作品呢？」

他回答得模糊不清，但我回到我的大理石後，他說的那句話一直縈繞在我的腦海中，因此我又再次拿起了鐵鎚與鑿子，然後想著那個雕刻家說的話，雕刻了大理石。現在每當碎片掉落時，我會同時感受到痛苦與自由，痛苦的感覺越來越熟悉，而自由的感覺越來越巨大。

「比起技巧，更重要的是『愛』。」

這是那位雕刻家對我說的話。為了活出無悔的人生，我決定「愛自己」。

第 1 章

你究竟擁有
多少時間？

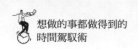

01 「時間管理」是有可能的嗎？

　　我們總在時間裡與時間一起生活，也就是說，我們的人生依存於時間，而生活與時間又密不可分。然而，若有人問起：「時間是什麼？」我們卻很難回答。這是因為「時間」的概念模糊，很難明確地定義它。總覺得與時間共存所以很熟悉，但其實卻對它認識不多，大概只知道「一天有 24 個小時，時間像黃金般珍貴，所以要珍惜使用，它是生活的原料」這種程度而已。

　　像這樣看不見、摸不著的時間，我們要怎麼管理呢？我們可以輕鬆管理金錢、管理汽車、管理健康、管理身材，因為這些東西的變化顯而易見。然而，管理時間並不像用說的那麼容易。

　　我們來舉個關於時間的例子吧，男朋友 K 和女朋友 L 為了紀念交往一週年而去了遊樂園，他們搭了海盜船和旋轉木馬，一起度過了愉快的時光。但 K 卻總

是想起幾天前在社團聚會上偶然遇見的 S，S 是 K 夢寐
以求的完美理想對象，雖然他努力不去想，但 S 微笑
時的樣子總是讓他心動。在遊樂園玩的時候，K 想起了
S，因此不管在身旁的 L 說什麼，他都沒有注意聽，就
像魂魄飄到了其他地方，K 就以這樣的狀態和 L 在遊樂
園玩了一整天，接著一起吃晚餐，就各自回家了。在這
個例子裡，我們真的能說 K 是和 L 一起度過一段時間
嗎？儘管 K 與 L 一起度過了同樣的時間與空間，但似
乎不能把 K 看作是真的和 L 共度時光。

再舉個更簡單的例子，一個學生聽著數學視訊課程
準備期末考，雖然他打開了數學課本，聽著視訊課程，
但腦子裡卻只想著這次考試結束後要和朋友一起去東海
玩（要穿什麼好呢？吃什麼好呢？玩什麼好呢？），他
只有眼睛看著螢幕，耳朵聽著影片中老師的聲音，機械
式地用手在筆記本記下重要的公式，但他的腦中早就已
經去東海玩了，然而媽媽在後面卻欣慰地看著孩子，認
為他很認真念書。

透過這兩個例子，我想說的是，以這種方式來管理
時間，實際上一點意義也沒有。「時間管理」嚴格來說
就是「自我管理」，如果只聚焦在管理「時間」，不但

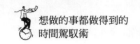
只有管理到表面，效果也不佳。

比起時間，我們更應該將焦點放在自己身上，這樣才能更加精準地管理和消化自己的行程。我們無法控制或管理不斷流逝的時間，我們所能管理的只有「我自己」而已，若無法認清這個事實，就會像在大白天裡抓取浮雲般地理解時間，以及像松鼠跑滾輪一樣無法擺脫其中，只是不斷度過毫無意義的時間。

「除了人類，整個世界是一個謎，而人類本身即是答案。」

── 魯道夫‧史坦納（Rudolf Steiner），奧地利哲學家

02　時間是有盡頭的

下列選項中，我們最常用的英語單字是什麼？

① Money　② Time　③ Happy　④ Person

　　如果在谷歌裡搜尋「Time」、「Happy」、「Person」和「Money」這 4 個單字，搜尋結果分別為 252 億個、87 億個、150 億個、111 億個，所以正確答案是「Time」這個單字最常被使用（此為 2022 年的數據）。時間比其他單字的使用量多了很多倍，那麼我們對這麼常使用的「時間」了解多少呢？

　　我們先來了解一下時間的長度吧。在大霹靂*之後，時間持續不斷地走著，在這無窮無盡的宇宙時間裡，我們的時間是無限的還是有限的呢？誰都知道時間

---

* 大霹靂是描述宇宙起源與演化的宇宙學模型，亦即在此大爆炸之後才誕生了宇宙，也是所有歷史的源起。

是有限的，那會在什麼時候賦予我們時間的盡頭呢？我們只知道剩下的時間必定是有限的，但很諷刺地，卻無法得知時間什麼時候會結束。**我們總覺得自己會活很久，但也許就是這種感覺，才讓我們對時間的使用毫不設限，隨意地消費它。**

讓我們大略估計一下剩餘的時間，從 2019 年韓國統計廳的資料來看，韓國女性的平均壽命為 85.7 歲，男性的平均壽命則為 79.7 歲。[*]以這個統計數據為基礎，可以大致計算出我們剩下的時間，男性把出生年分加上 80，女性加上 86，那麼剩下的時間就出來了。

假設你是 1985 年 12 月 19 日凌晨 3:00 出生的男性，那麼 1985+80=2065 年，也就是如果你活到平均壽命，你人生最後的時間就是 2065 年 12 月 19 日凌晨 3:00。假設你的時間就到此結束會怎樣呢？你會像現在這樣生活嗎？如果是的話，表示你過得很好，相反地，如果不是，那麼為了度過一個不後悔的人生，你應該要做出改變了。

昨天的「我」、今天的「我」，以及明天的「我」

---

[*] 根據內政部「110 年簡易生命表」統計，台灣人平均壽命為 80.86 歲，其中男性平均壽命為 77.67 歲，女性為 84.25 歲。

之間，無論在身體上還是精神上都沒有太大的差異，但實際上，生命之光正在慢慢衰退或漸漸衰老，而我們卻沒有發現其中的差異，因此像現在這樣，一如既往地陷入繼續原來的生活的錯覺。彷彿因為結束的時間太遠，而誤以為時間是無限的，以及因為昨天、今天和明天貌似無盡反覆，所以對時間結束的認知也變得遲鈍。

在義大利的聖母無玷始胎堂（Santa Maria della Concezione dei Cappuccini）地下，有個告訴大家時間重要性的陰森之處。那裡有用數千個脊椎骨製成的祭壇，用數百個頭骨製成的拱門，以及用手骨或腿骨製成的吊燈等物，總計那個地方約鋪滿四千多位修士[*]的遺骨。大部分遊客就像在附近的梵蒂岡美術館欣賞展示的藝術品一樣，快速參觀後移動到下一個目的地，但是偶爾會有幾個人因為這裡有句意味深長的話而停下腳步。祭壇前寫著：

他們曾經和你一樣，

而總有一天，你也會和他們一樣。

---

[*] 做為天主教會宗教團體成員生活的男性修道僧。

　　假設有個人要送你花，花分為兩種，一種是假花，另一種是鮮花，你會選擇哪一種呢？一般來說，比起不會凋謝、經濟實惠又性價比*高的假花，我們更受到鮮花的吸引。受到鮮花吸引的原因有很多，但最重要的是鮮花有盡頭，它總有一天會消逝，所以活著的這個瞬間就更加珍貴。我們的生活之所以像鮮花一樣美麗，就是因為它有盡頭，**因為有死亡，人生才會更加輝煌，就像在越深的黑暗中，光線就顯得越發明亮一般**。現在，讓我們來思考一下「有限」和「珍貴」的關係吧。

　　K原本過著平凡的生活，但是當他在社群軟體上看到有些人過著富裕的生活後，自己也開始想要盡情花錢享受了。恰巧某一天，K從神燈精靈那裡收到了一個錢包做為禮物，這個錢包是無論怎麼花錢，裡面的錢都不會減少的魔法錢包。收到錢包的第一天，他抱著「搞不好是真的」的心態試著花了一點，神奇的是，第二天錢真的又裝滿了錢包。從此以後，他的開銷開始增加，並且完全忘記了錢的珍貴而恣意地花用。

　　另一個例子是L，L打開錢包一看，裡面有一張5萬韓元（約新台幣1,250元）、3張1萬韓元（約新台

---

* 性價比即俗稱的CP值，指產品根據它的價格所能提供的性能能力。

幣 250 元）和 5 張 1,000 韓元（約新台幣 25 元）的紙
鈔，這就是他這個月能用的錢，因此 L 每次用錢的時
候，都會想到這筆消費是否花在刀口上，有沒有辦法節
省支出等，每一張鈔票都十分珍貴。

從上面兩個例子可以看到，若我們從時間帶來的無
限錯覺中掙脫，認識到它的盡頭，再從盡頭回過頭來觀
看現在的每個瞬間，時間就會變得更加寶貴和珍貴。我
們必須時刻保持清醒，否則就像從手指間漏出的沙粒一
樣，自己的時間也會轉瞬即逝。人生有盡頭，而且也是
因為有盡頭，而使現在這個瞬間變得珍貴，使生活更加
光彩耀眼。**我們需要變化和成長的原因之一，就是因為
我們的時間有限，如果時間無限，也許就沒有必要這麼
努力了。**

1849 年 12 月，在俄羅斯謝苗諾夫廣場（死刑執行
所）的死刑台上，有一名 28 歲的年輕人因違反體制而
被判處死刑，執法人員在凜冽的風中喊道：

「給你最後 5 分鐘的時間。」

這個青年最後告別世界的時間只有 5 分鐘，5 分鐘
過後他就會消失了，死刑犯非常地絕望。

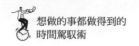
「我的人生竟然再過 5 分鐘就結束了，那這剩下的 5 分鐘我又能做什麼呢？」

他想著家人和同事並祈禱著。

「親愛的家人和朋友們，請原諒先離開的我，不要為我流太多的眼淚，也不要太過悲傷。」

執法人員說已經過了 2 分鐘。

「啊！我連後悔的時間都不夠啊！我為什麼會這麼空虛地活到現在呢？哪怕是一瞬間也好，真希望能再多給我一些時間……」

最後，執法人員說剩下 1 分鐘了，死刑犯恐懼地環顧四周。

「啊……之後我連凜冽的寒風也無法感覺到了，也無法感受光著腳攀爬時的冷空氣了，我再也無法看見這個世界、碰觸這個世界了，一切都好遺憾。」

死刑犯第一次感受到活在這世上的珍貴，並流下了眼淚。

「好，現在開始執行死刑。」執法人員喊道。

死刑犯的耳朵裡傳來了準備射擊的聲音。

「我想活下去，我想活下去……只要再讓我多活一下就好……」

　　子彈上膛的「咔嚓」聲穿透了他的心臟，而就在那一瞬間，一名士兵大喊著跑到了廣場。

　　「停！停止執行刑罰！」

　　皇帝傳來緊急的口信，說要用流放來代替死刑。好不容易才停止執行死刑，死刑犯也終於從死亡的邊緣戲劇性地回來。

　　這則故事裡出現的死刑犯是俄羅斯大文豪杜斯妥也夫斯基（Fyodor Dostoyevsky），從死亡邊緣回來的那天晚上，他以平靜的語調寫信給弟弟。

　　「回想過去，想起因自己的錯誤和懶惰而虛度光陰的日子，我感覺自己的心臟似乎在淌血。人生是神的禮物，真希望年輕的時候就能知道，所有瞬間可能都是永遠的幸福……現在起我的人生將會改變，也就是說我將會重生。」

　　後來，在西伯利亞集中營度過的 4 年，成為了他人生中最寶貴的時間。儘管在嚴寒中繫著 5 公斤的枷鎖生活，他依然專注於創作。雖然他過著不被允許寫作的流放生活，但是因為不想浪費時間，他開始用腦袋代替紙張來寫小說，甚至背下了全部的內容。杜斯妥也夫

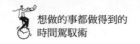
斯基結束流放生活，回到日常世界之後，他抱持「人生是 5 分鐘的連續」這樣的覺悟埋頭寫作，直到 1881 年與世長辭為止，他發表了《罪與罰》（*Crime and Punishment*）、《卡拉馬助夫兄弟們》（*The Brothers Karamazov*）等眾多不朽的名著。

　　像杜斯妥也夫斯基一樣，在瞬間做出跳躍性改變的人有一個共同點，那就是他們體驗到了死亡。在遇難前被救出來或者因為重大事故險些死亡，經歷九死一生活下來的人深深感受到人生是有限的，親身體驗了一天一個小時是多麼珍貴，便會下定決心「要把珍貴的時間用在真正有意義、有價值的地方」，每個時刻都要毫不後悔地活著。

　　雖然不是任何人都能有這樣的經歷，但我們也應該間接地認識到人生是有限的，更加有價值地度過寶貴的時間。為了理解自己剩下的日子，讓我們在「人生時間盒」上標註自己活過的日子（見圖表 1-1、筆記本「❶人生時間盒」）。不管用鉛筆、彩色鉛筆或螢光筆等任何書寫工具都無所謂，將「人生時間盒」貼在顯眼的地方，積極生活一個月後再確認，你將會發現自己的時間和生活都比上個月過得更有深度。

「人生時間盒」範例與使用方法

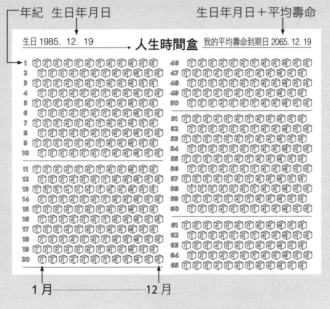

圖表 1-1　人生時間盒

03　一天真的是 24 小時嗎？

　　韓國氣象局在預報天氣時，會同時公布 10 月至隔年 4 月的溫度和實際人們感受到的體感溫度。看到「今年最冷的一天」的預報後，就會戴上圍巾、手套，穿好內衣等全副武裝出門，但也有可能感覺沒有昨天冷。

　　天氣預報只根據溫度計來預報溫度，溫度計只會測定空氣中的溫度，不考慮風速、溼度、日照量等人類感受到的各種環境因素。僅靠空氣中的溫度，無法準確地表現出人們感受到的寒冷，因此冬天的天氣，比起氣溫，人們受體感溫度的影響要來得更大。顧名思義，體感溫度就是我們身體感受到的溫度。除了氣溫，它還會受到風力、溼度、日照量、體質、心理狀態的影響。冬天即使是同樣的溫度，如果風大的話也會覺得更冷，因為風和寒氣會從我們的皮膚中奪走熱量。

　　時間也是如此，雖然一天是 24 小時，但是我們根

據不同的生活環境和模式，對時間的感受都不一樣。大體上比起實際的 24 小時，我們所感受到的通常短得多。

　　讓我們簡單來看看平凡人 K 的一天吧。每天 24 小時中，他的睡眠時間為 7.5 小時，吃飯時間為 2.5 小時（早餐 30 分鐘，午餐和晚餐各 1 小時），上班時間為 8 小時，上下班移動時間為 2 小時，洗臉和準備時間為 0.5 小時（洗臉或洗澡、搭配服裝的時間、整理包包等）。睡覺、吃飯、工作、移動和準備時間等一天生活必需的時間被稱為「每天固定時間」，因此 K 每天的固定時間為 20.5 小時，除此之外的「每天變動時間（自由時間）」為 3.5 小時。「你會把一天看成 24 小時嗎？還是每天 3.5 小時呢？」這兩種觀點會對控制和使用時間帶來很大的差異，那些從未想過自己的一天其實是 3.5 小時的人恐怕會大吃一驚。

　　一天的固定時間是我們不得不使用的時間，不是我們能掌控的時間。當然，也可以稍微減少睡眠、把飯吃得快一點或是清晨就去上班等，來減少一點點時間，但從根本上看來，只要不辭職或沒有特別的事情，就不可能大幅減少固定時間，因此與其努力控制固定時間，不如將焦點放在適當地使用和管理變動時間上。

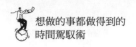
　　舉例來說，K 一個月能拿到 300 萬韓元（約新台幣
7 萬 5,000 元）的薪水。拿到薪水的當天去買一雙 20 萬
韓元（約新台幣 5,000 元）的皮鞋，再買一件 50 萬韓
元（約新台幣 1 萬 2,500 元）的大衣，還有換成最新的
智慧型手機，晚上再去飯店吃頓套餐料理，如何？

　　如果月薪是 300 萬韓元，那麼扣掉保險和稅金，實
際收入大概是 2,656,240 韓元（約新台幣 66,406 元），
因此我們應該把月薪看作是 265 萬韓元，而不是 300 萬
韓元。再加上貸款利息、交通費、生活費、保險費、
公寓管理費等每月支出的固定費用，也就是說，從存摺
支出之後，剩下的錢才是實際薪水。如果存摺裡還剩下
30 萬韓元（約新台幣 7,500 元），那麼把實際薪水想像
成 30 萬韓元之後，再考慮在那個範疇內如何使用才是
更現實且可取的。

　　時間也是一樣，如果把一天想像成 24 小時，就會
與實際感受到的時間產生誤差。縮小這個差距比什麼都
重要，應該把每天想成 3.5 個小時，再去思考如何度過
和管理這些時間。如果要把每天的 24 小時都管理好，
那麼人就會倍感疲憊，因此去考慮如何度過自己可以控

管的 3.5 小時才是明智之舉，而且剛開始最好把時間設定為 1 ～ 2 小時，並在能夠充實度過這些時間後，再慢慢往上加。

　　每天努力生活 24 小時固然重要，但很難從一開始就做到這點。在 24 小時中，先照常度過一天的固定時間，再有意義地度過自己創造的自由變動時間。如果把每天看成是 3.5 個小時，就會發現一天的核心時間在哪裡，也會開始看到自己應該更專注於哪個部分、在何處傾注能量。

尋找屬於自己的升級時間

1. 在一天中尋找只能為我所用的時間。
   尋找像逗號一樣，一天裡不受任何人干擾的時間。
2. 幫那段時間取個名字（例如：○○的逗號、○○的 Free Time 等）。
   例如我取的名字為「am4me」（給我自己的凌晨）。
3. 在這段時間內，把智慧型手機調成飛航模式或是關機，除非有特殊情況，不然就把手機暫時放在看不見的地方。
4. 只為自己花時間。
   讀書、寫作、冥想或發展興趣嗜好都可以。

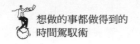
　　尋找屬於自己的時間，對於想要生活得有價值的人來說，比什麼都重要。如果把「自己」比喻成想裝滿金黃色水滴的碗，找出提升自己的時間並每天執行，就會像是金黃色的水一滴、兩滴地滴進碗裡。一開始看不出來，就算超過 100 滴了也還看不出來，眼裡完全看不出明顯的變化，好像這些時間只是默默地過去，但即使很微小，也已經開始產生變化了。就算肉眼看不到任何變化，也不要中途放棄，因為只要繼續拉長這個時間，在某個瞬間我們就能看見水漲船高。

　　你真的想要改變嗎？你真的想要提升自己嗎？那麼就應該尋找可以提升自己的時間，並持續維持；如果可以，就繼續增加提升的時間，而在某個瞬間，我們將會遇見全新的自己。

04 你的一小時值多少錢？

「你認為自己的一個小時價值多少錢？」

如果你認為你的一個小時值 1 萬韓元（約新台幣 250 元），那麼你就會把時間花在具有 1 萬韓元的價值上，如果你認為你的一個小時值 100 萬韓元（約新台幣 2 萬 5,000 元），那麼你就會把時間花在 100 萬韓元的價值上。**根據潛藏在腦海中「自己定下的時間價值」，將決定我們會珍惜時間或者任意揮霍。在潛意識中，如果沒有把時間設置成「高」價值，那麼無論用任何時間管理工具或計畫，都不會有什麼效果，只會原地踏步。若想在時間的遊戲中獲勝，首要任務就是將自己的時間價值定到最大，並思考做每件事值不值得後再行動。**

「珍惜時間」是所有時間管理的核心，如果我們不珍惜時間，那麼時間也不會珍惜我們，它將會消失在毫無意義的地方。相反地，哪怕是只有 5 分鐘、10 分

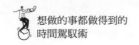
鐘的零碎時間，只要珍惜使用，時間就會回報我們的努力，並進一步提高我們的價值。

「你的一個小時值多少錢？」

這個問題會徹底改變我們的生活。

如果我們認為是 10 萬韓元（約新台幣 2,500 元），那麼我們的價值就會變為 10 萬韓元，如果我們認為是 100 萬韓元，那麼我們的價值就會變成 100 萬韓元。也就是說，時間管理的根本核心在於意識到「我的時間非常珍貴，價值很高」。**如果自己認為「價值很高」，那麼就會做出與之相符的行動，而其行動也會產生高價值的結果。**

假設有一棵樹，這棵樹叫做「時間之樹」，樹上掛著果實，而果實是我們所創造出來的結果（每個小時我們所得到的金額）。當我們看著那些果實，覺得心有不甘，認為果實的數量太少、太小顆、不好吃（每小時的金額很低），該怎麼辦呢？雖然大部分的人只在意結果，但實際上產生果實的源頭來自於「根」。能夠讓地上的果實存在，是源自於地下的根部，也就是說，若我們希望果實有所改變，就要改變根源，鞏固根基。果實是結果，根是我們的想法，唯有立刻改變自己的想法，

才能讓結果有所改變。

　　如果我們不改變對時間的看法，就不會發生巨大的變化，會一直像現在這樣生活下去。因此，要先改變對時間的看法，能夠鞏固根源的基礎是珍惜時間的心態和認為時間很昂貴的想法。當根結實了，果實自然會變大、變多，我們也就能夠收穫很多的果實（每個小時獲得高金額）。那麼現在就讓我們用「時間收據」來訓練自己，開始打造堅實的根基吧（見圖表 1-2、筆記本「❷時間收據」）。

　　「時間收據」是記錄自己 24 個小時的支出內容，分析時間消費模式。假設一天是 24 小時，一個小時是新台幣 10 萬元，那麼一天就會有 240 萬元的鉅款，而過完一天，這 240 萬元就會消失。看這筆錢花在哪裡，未來也會跟著發生變化。時間收據訓練只要進行 3 天就會熟悉了。網眼大的漁網抓不到魚，所以為了抓住被我們浪費的時間，詳細記錄是很重要的。

「時間收據」範例與使用方法

1. 用箭頭來確認使用時間。
2. 填寫金額,用1小時是新台幣10萬元,30分鐘是5萬元,用15分鐘則是2.5萬元的支出,以此類推來計算。
3. 填寫支出內容(睡覺、吃早餐、運動、讀書、通勤等)。
4. 對一天的支出進行回饋和分析。

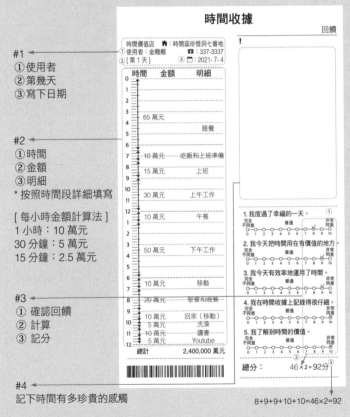

#1
① 使用者
② 第幾天
③ 寫下日期

#2
① 時間
② 金額
③ 明細
* 按照時間段詳細填寫

[每小時金額計算法]
1 小時:10 萬元
30 分鐘:5 萬元
15 分鐘:2.5 萬元

#3
① 確認回饋
② 計算
③ 記分

#4
記下時間有多珍貴的感觸

圖表 1-2　時間收據

05 「9:01」不是「9:00」

　　某個寒冷的冬天夜晚，K 在自己的小套房裡看電視，他看到主角在屋塔房（옥탑방）*吃泡麵的場面，突然非常想吃泡麵，但因為小套房裡沒有泡麵，所以他打給住在附近的朋友 L，約他在「火鳥泡麵」餐館裡一起吃辣海鮮麵。

　　L 一開始說不行，但最後還是決定去了，掛斷電話之後，因為距離約定的時間還有一點空檔，所以 K 開啟了一場電玩遊戲，就這樣沉迷於遊戲中。

　　忽然，L 打電話來了，他問 K：「你什麼時候到？」K 看了看手錶，已經超過約定時間 10 分鐘了，他請 L 先幫他點餐之後，草草結束遊戲，然後去了餐

---

*　屋塔房即在頂樓天台上額外建造的小房間，有的是原本樓頂的閣樓，有的是天台上特意搭建的小平房，有的甚至是從本來放置水塔、水箱的老舊空間改造出來的。

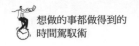
館。在路上時，電話又來了，L 親切地說：「泡麵已經送來了，麵條開始發脹了。」

　　不管去哪裡，總會有人遲到，不是偶爾才遲到，而是習慣性地每次都遲到。對他們而言，9:00 和 9:01 是沒有差距的，甚至也不覺得 9:00 和 9:30 有什麼太大的差異。雖然平時可能不會有問題，但在關鍵時刻卻會出現大問題，例如準備了一年的國家考試時間、和朋友們約好一起去歐洲旅行的飛機起飛時間、商業上重要的簽約時間等。能否參加考試，能否去歐洲旅行，能否促成簽約，會在這一分鐘裡分出勝負。考試和飛機起飛時間只要遲到一分鐘就再見了，還要等一年或者買下一班飛機的高價機票，才能再次獲得機會。在關鍵時刻，過去積累的遲到時間就會成為迴力鏢，回到自己的身上。

　　從前住著一個熱愛粉紅色的粉紅大王波西，他不僅自己穿著的衣服，而是所有的一切都選用粉紅色的，但粉紅大王依舊不能滿足於此，因為城外存在著無數不是粉紅色的其他顏色。經過深思熟慮後，粉紅大王制定了將百姓的所有物品都換成粉紅色的法律，雖然有很多人反對國王的單方面命令，但在那天以後，百姓們也只好

把衣服、用品和家具等全部換成粉紅色。

　　但是粉紅大王仍然不滿意，因為世界上還存在著不是粉紅色的東西，所以這次他命令將國家所有的樹木、花草和動物都染成粉紅色。他動員大規模軍隊到山野裡，將所有動植物都染成粉紅色，小動物們甚至才剛出生就被染成了粉紅色。

　　世界上的所有東西似乎都變成了粉紅色，但還是有些地方沒有換成粉紅色，那就是──天空。擁有再多權力的國王，也不可能把天空變成粉紅色，他想了好幾天，卻始終想不出好辦法，於是粉紅大王去找了自己的老師，要求老師幫他想出妙計。日以繼夜苦思冥想的老師，終於找到能把天空變成粉紅色的方法，他開心地拍了一下膝蓋。

　　走到粉紅大王面前的老師說：「我已經把天空換成了粉紅色，請你戴上我準備好的眼鏡看天空。」大王雖然半信半疑，但還是按照老師的話戴上眼鏡仰望天空。粉紅大王非常高興，因為天空看起來真的是粉紅色。從那天開始，他每天都戴著那副粉紅色的眼鏡看世界，度過了幸福的日子，而百姓們也因此不用再穿粉紅色的衣服，動物們也不用染成粉紅色了。

　　像這則寓言一樣，如果戴上粉紅色眼鏡，整個世界看起來就都是粉紅色，戴著紫色眼鏡一看的話，就全是紫色的，而戴著灰濛濛的眼鏡，整個世界就會顯得灰濛濛。這就是心理學中所說的「框架」，我們用自己戴的眼鏡看世界，如果戴一副清晰的眼鏡，就能看得清清楚楚。觀察時間的觀點也很重要，要看清楚時鐘的分針和時針，因此 9:01 絕對不是 9:00。

　　戴著不透明的眼鏡時，會看著寬闊的時間生活，因此無法準確分辨約定的時間還剩多少。如果只是粗略地計算時間並做準備，就會比想像中還晚。相反地，如果戴著透明的眼鏡，則會看著刻度密集的時間生活。「距離約定時間還有 46 分鐘。那麼 5 分鐘之內穿好衣服，3 分鐘左右準備好隨身物品，坐公車 18 分鐘，就能在約定時間的 20 分鐘前到達」，這樣就能判斷各情況後做出相應的行動。

　　為了遵守約定的時間，我們應該如此緊密地看待時間。例如，若是決定下午 2:00 在大學路見朋友，就要計算準備時間。「洗臉需要 5 分鐘，搭配服裝需要 9 分鐘，準備包包需要 3 分鐘，搭社區巴士需要 15 分鐘，換乘的步行時間是 5 分鐘，搭地鐵需要 20 分鐘，總共

需要 57 分鐘。那麼假設下午 1:40 前要到達，12:43 就
要開始準備出發，這樣才能在下午 1:40 之前到達。」
如此計算才能知道每時每刻的進展情況，也不會比約定
的時間晚到。

　　我們越是細密地分配需要準備的事情，越能安全地
在約定的時間內到達。不僅在約定時間上，在工作上也
是，**把要做的事情分得越細密，在規定期限內完成工作
的機率就越高。**摘下不透明的眼鏡，戴上透明眼鏡吧。
讓心中的時間刻度變得更加精細，使我們更加善用時
間，讓我們成為遵守約定時間、值得信任的人。

　　一定要記住，9:01 絕對不是 9:00。

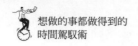

06 整理好空間，才有更多時間

　　人是環境的海綿，人類會吸收周圍的一切，變得
和周圍一樣。如果周圍有很多積極的朋友，就會變得
積極，如果有很多消極的朋友，就會變得消極。空間
也是如此，曾經擔任美國哈佛大學教授的詹姆斯・威
爾遜（James Q. Wilson）和同事喬治・凱林（George L.
Kelling），在 1982 年 3 月的《亞特蘭大》（*The Atlantic
Monthly*）月刊上共同發表了《破窗效應》（*Broken
Windows*）。這個理論是說，**如果放任不處理一個破碎
的玻璃窗，犯罪就會以該地點為中心開始擴散。這意味
著如果任由毫無秩序的狀態持續下去，很有可能會引發
巨大的問題。**

　　20 世紀 80 年代，紐約市是每年發生 60 萬件以
上犯罪的城市，因此當時遊客之間甚至流傳著「絕對
不要搭紐約地鐵」的說法。美國羅格斯大學（Rutgers

University）的凱林教授當時為了減少紐約市的犯罪，提出了一個與眾不同的提案，也就是擦掉地鐵上所有的塗鴉。當時交通局的局長經過深思熟慮後，接受了凱林教授的提議，決定除掉 6,000 輛地鐵和地鐵站的塗鴉。因為塗鴉太多，直到開始 5 年後的 1989 年才全部清除。從開始清除塗鴉的第二年，犯罪率就有所減少，1994 年減少到 50％。最終，清除地鐵塗鴉這件事使紐約的犯罪率下降了 75％。

我們再來看看其他例子吧。首先這個實驗是在經常發生犯罪的小巷子裡停放兩部汽車一週，其中一部只開著引擎蓋，另一部則是連窗戶也稍微打碎一點。一週之後，汽車的狀況發生了怎樣的變化？打碎窗戶的汽車其實在剛開始停放的 10 分鐘內電池就被拿走了，甚至還有人偷走了輪胎，之後過了一週，車輛就成了一塊廢鐵；但是只打開引擎蓋的車卻沒有太大的變化。這兩部車只有一個區別，就是輕輕地打碎了一點車窗，但人們把車窗被打碎的汽車視為棄置的車。

以下是在歐洲進行的實驗。荷蘭格羅寧根大學（University of Groningen）的研究小組在 2008 年先後做了 6 次「破窗效應」實驗。研究小組選擇的第一個實

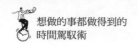
驗地點，是位於格羅寧根地區購物中心周邊的自行車停車場，這些停車場位在沒有設置垃圾桶的狹窄巷弄。

研究小組在每輛停放的自行車扶手貼上運動服廣告傳單後，觀察了前來騎自行車的人會如何處理傳單。實驗分為兩組，A組是在小巷牆壁塗成單一顏色的環境中進行實驗，B組是在牆壁上有塗鴉的環境中進行實驗。實驗結果顯示，A組有33％的人將傳單扔在地上，B組則有69％的人將傳單扔在地上。由此可見，周遭環境對人們的行為會產生巨大影響。

時間管理和空間管理有著密切的關係，無論時間管理得多好，如果一直處在混亂的空間裡，就很難持續時間管理。正如前面實驗所看到的那樣，不乾淨的環境會對人的行動方式產生影響，你的房間不整齊，那麼你違反計畫的機率就比較大；相反地，如果好好整理，那麼遵守計畫的機率就會提高。你可以把我們經常生活的空間想成是我們的未來，因此時間管理和空間管理兩者都必不可少。**更嚴格來說，在進行時間管理之前，也許首先要進行空間管理，在整理頭腦之前，整理周遭環境是個重點。**

我們生活在物質豐富的環境中，家裡的東西都滿出

來了，還捨不得丟，很多東西留著只會成為包袱，為了新的出發，必須拋棄過去。在整理空間之前，首先要觀察可以丟棄的東西是什麼，如果過去一年都沒有使用，以後也很有可能不會再使用，所以要果斷處理，之後再將剩下的東西，根據各自的情況整理得乾淨俐落即可。

這裡說到的整理，最重要的就是整理書桌。把桌子想像成你的大腦就可以了，想要頭腦清醒，就要整理桌子。打開書桌抽屜時，如果裝滿了雜物，就該開始整理了。**這時的祕訣是「30％的空間」。我們最好整理一下，讓每個抽屜都有 30％左右的剩餘空間。**換句話說，也就是如果抽屜已經滿到 70％左右，從那時起就要考慮應該扔掉什麼。如果把書桌抽屜整理到一定程度，那麼接下來就是整理桌面了。書桌的整理是空間整理的重點，如果不拿出一定的毅力去整理，就很容易打回原形。每天抽出 3 分鐘的時間整理一下桌子，只要 21 天裡，每天抽出 3 分鐘的時間，除了必要的東西，不放任何其他東西在桌上，守住這 21 天，你就**翻越了**一座大山。

像這樣，在管理時間之前，首先要整理空間或兩者並行，如果空間影響我們的想法，讓頭腦變得複雜或雜

亂無章，就無法好好管理時間。在腦袋裡想著雜念，無異於把沉重的行李放在頭頂上生活。時間管理的核心是「簡單」，要清除對自己來說複雜且不必要的部分，保留本質就好。因此我們要選擇極簡主義做為第一步，在空間上需要減少和簡化很多東西。在開始時間管理前，先讓身體變輕，將空間管理的工作視為和時間管理一樣重要；擁有整潔的房間和書桌，將能照亮我們的未來，讓環境造就人類。

這個時代最偉大的發現，

就是人類能夠改變自己的態度，

也就是人類可以改變自己的人生。

這是被稱為「美國心理學之父」的威廉・詹姆斯（William James）所說的話。

威廉・詹姆斯是哲學家兼心理學家，他被認為是實用主義哲學理論的確立者，在哈佛大學擔任教授時，他創立了哈佛心理學研究所。他研究了二戰時期在德國納粹集中營經歷死亡恐懼和殘酷虐待，但始終不放棄希望的人們的紀錄，進而得知了態度的重要性。

我在教學的時候也明白了態度才是最重要的，說態度決定一切也不為過。你以什麼樣的態度生活在這個世界上？生活在世界上的態度，主要有「主動態度」和

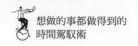
「被動態度」，決定這兩種態度的就是控制權。如果你有控制權，你就有主動的生活，如果你沒有控制權，你就只有被動的生活。「誰擁有控制權」的概念非常重要，如果對控制權沒興趣，那麼你只能永遠過著被動的生活。

坦白說，我原本對控制權並不感興趣，只是喜歡和所有人好好相處，即使討厭也不會露出討厭的表情，而是迎合周遭他人的心情生活。因為討厭為別人帶來傷害，所以沒能盡情地說出自己想做的事情；如果別人說要做什麼，即使有自己想做的事情，我也會忍著跟隨別人的意見。

我拒絕不了別人的請求，於是把自己的工作拋在腦後，先做了別人的工作。我好幾次都想從明天開始先做自己的工作，然後再去幫助別人，但不像說的那麼容易，就這樣將控制權輕易拱手讓給別人。直到有一天，我遇到了巨大的苦難和逆境，才發現我的生活不是按照自己的意願發展，才驚覺我是生活在別人的願望之中。我那時真是嚇壞了，這才明白把控制權交給別人，真的是件傻事。

所以我努力找回我的時間，把時間用在自己的身

上，並從控制權的觀點來注意周遭的事物。即使不想和
別人起衝突，但為了控制權，現在我也有勇氣戰鬥了。
我的時間明明屬於我自己，但將我的時間控制權交給某
個人的瞬間，我就知道自己從主人淪落為奴隸。

　　當我們擁有控制權時要承擔責任；不關心控制權
時，對責任則不太在意。**但是控制權和責任是一體的，
有了負責的勇氣，就不覺得控制權是種壓力，我要主動
地把自己的時間用在自我成長和發展之上。**

　　你的時間控制權在誰的手裡？好好想想吧。如果
現在不在你手裡，你應該盡快拿回來，時間過越久，就
越難拿回來。在變成沒有控制權的被動生活之前，盡快
把控制權放入你的手中。在你的意識中，是否掌握控制
權，是件很重要的事。

　　還有另一個要素，就是「提問」。你通常是在提
問還是在回答？如果提問較多，很有可能過著主動的生
活；如果回答較多，則可能過著被動的生活。提問有著
巨大的力量，一個問題就能徹底改變人生。「我為什麼
要存在？我在這裡要實現什麼？我的任務是什麼？我能
給予他人的是什麼？」等，把有深度的問題放在心裡
吧，不需要很快找到答案，沒有答案的問題也不錯。把

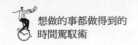
問題裝在心裡這件事本身就很重要，把問題放在心上的
人和沒有提問的人有著天壤之別。

　　主動的人生是有「控制權」和「提問」的人生，如
果別人不問你，不將控制權交給你，那麼就要自己去爭
取。擁有時間控制權的瞬間，你就打開了真正的自由之
門，跨出了第一步。

第 2 章

釐清思緒，
定下「目標」

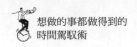

08　先把目標寫在紙上

　　其實，我們可以把「善於管理時間」看作是「處理好該做的事情」。因為想處理好要做的事情，首先得把待辦事項清單整理好，否則頭腦處於複雜狀態，不知道該做什麼，只會急急忙忙地處理想起來的事情。雖然認為在腦海中整理出今天要做的事情，在需要的時候把該做的事情一一提出就好了，但事實上這並不容易做到，因為我們腦袋裡的工作儲存容量並不大。

　　因此，我們應該整理要做的事情，並記錄在計畫表或日程表上。雖然為了不要忘記、為了有計畫地處理某件事情，我們會使用計畫表，但更重要的應是計畫的「效果」。如果先把事情寫在計畫表上，那麼周遭的一切就會很神奇地幫助你完成那件事，讓你體驗到事情意外地順利，所以做不做計畫的差別真的很大。

　　為什麼會這樣呢？從「想法與物質的關係」中可以

找到頭緒。**電腦、筆電、書桌、鉛筆、計畫表等，世界上存在的一切事物都源於某些人的想法，想法比那些事物更早一步出現，也就是想法變成了物質。那麼，將想法物質化的第一步是什麼？就是「記錄」。將腦海中的想法記在紙上，就是物質化的第一步，也就是所有事情的開端。**

我拿一個關於記錄的實際故事為例。美國有一位名叫金·凱瑞（Jim Carrey）的電影演員，他年輕時懷著成為著名電影明星的夢想前往了美國，但在闖出名堂之前，沒沒無名的時期讓他非常飢餓又貧困。有一天，他覺得自己「不想再這樣生活了」，因此他漫無目的地爬上好萊塢最高的山坡，拿出支票簿，寫下「1,000 萬美元的演出費」，支付日期是 5 年後（1995 年）的感恩節。他把支付給未來的自己的假支票放在錢包裡，在心裡珍藏了 5 年。金·凱瑞一有空就開心地看著 1,000 萬美元的支票，沉浸在幸福之中。後來，發生了驚人的事。

5 年後，他透過電影《阿呆與阿瓜》（*Dumb and Dumber*）和《蝙蝠俠》（*Batman Forever*），拿到了比支票上寫的金額還要多的 1,700 萬美元。自己 5 年前寫的支票真的實現了！從那之後，他的名聲越來越響亮，

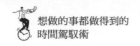
一部電影可以獲得 2,000 萬美元的片酬，成了世界著名的演員。金・凱瑞的父親去世時，他把一直放在身上的 1,000 萬美元支票放進父親懷中，流下了眼淚。

　　美國漫畫家斯科特・亞當斯（Scott Raymond Adams）在 1989 年 4 月開始連載諷刺漫畫《呆伯特》（Dilbert）。主角呆伯特雖然是天才，但在公司裡卻被當作傻瓜，他的性格可說是相當小心翼翼，而且他聰明善良的性格，反而讓他走不出刻薄的世界，因為現實根本就是一攤泥淖。這部作品把看似自私的「自己的事自己看著辦才能生存」的艱難現實稍微誇大，並毫無保留地呈現出來，它以「呆伯特法則」聞名，意指「最無能的職員最先升職，這樣對公司造成的打擊才最小」。

　　斯科特・亞當斯曾經是低薪的工廠基層職員，他在自己的辦公桌上一天塗鴉好幾次，他不斷寫著的句子是「我將成為在報紙上連載漫畫的著名漫畫家」。那個時候，他的漫畫一直被眾多報社拒絕，但他始終沒有放棄，經過數百次的嘗試，終於與一家報社簽訂了合約，實現了自己的第一個夢想，而且他每天都會抽空寫 15 次「我要成為世界上最優秀的漫畫家」。現在，呆伯特漫畫已在世界上 2,000 種報紙上連載。網站「呆伯特・

約翰」平均每天訪問人次高達 10 萬人。

金‧凱瑞和斯科特‧亞當斯的故事是展現記錄力量的好故事。想要美夢成真或實現成功的人，首先要明確地寫出自己的目標和要做的事，沒寫下目標的話，就容易迷失方向，在巨大的時間洪流中像浮標一樣漂浮著，然後糊里糊塗地消失了。為了在這巨大的時間洪流中實現目標並生存下去，我們應該把目標或計畫寫下來。

寫者生存：只有寫下來的人才能生存。[*]

記錄具有很大的力量，它是將肉眼看不見的想法物質化的行動，光憑想法不會產生任何結果，記錄等於把想法植入真實世界，種下的想法（種子）長大了，結果（果實）就會誕生。因此，我們必須先種植（記錄）。

---

* 韓文中的「適」（적）與「寫」（적）同音。

寫實魔法的祕訣

「寫實魔法」指「寫」下後就會「實」現的「魔法」。

1. 雖然我們生活在數位時代,但用電子記錄與實際用紙來記錄的模擬方式略有差異。記錄時,最好採用模擬的方式。

   模擬的方式是在紙上刻下鉛筆的石墨,或將圓珠筆的墨水沾染在紙上,這個過程是實質性的物質化過程。相反地,數位則是儲藏在電腦硬體設備裡,將電訊信號在螢幕上以 RGB 的顏色來顯示的方式。

2. 畫在素描簿上的紅蘋果和螢幕上的紅蘋果雖然看起來相似,但本質卻不同,素描簿上用蠟筆畫出來的蘋果畫是實際存在的,而螢幕上看到的只是電訊信號而已。

   素描簿上的蘋果畫,可以透過身體的感知能力來隱約地感受到它的存在,我們可以聞到蠟筆的蠟味,也可以觸摸到蠟筆畫過的痕跡,甚至可以品嘗到味道,但是螢幕上的蘋果畫卻非如此,這是實際和虛擬空間的異同。

   從記錄具體化為物質的角度來看,比起數位的便利,更推薦將模擬現實化。

如果記錄下來,頭腦裡會發生什麼變化呢?**當我們**

記錄下來的瞬間，頭腦裡就會啟動「目標追蹤機制」，就像潛艇上發射的魚雷一樣，會朝著目標前進。魚雷在深海中不會管水流的妨礙，只會向著魚雷中植入的目標前進。你的大腦就像魚雷一樣，向著記下的目標前進，尋找與目標有關的事情，而且反應非常敏銳。只要完全專注於目標，周遭的一切就會幫助你實現它。記錄是在大腦中安裝特殊的雷達，透過記錄安裝的雷達，能為你提供必要的資訊和解決方案，讓你更容易得到自己想要的東西。

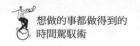
09 從「做・成・食・得」尋找自我

　　K 制定了想要開車遊歐洲的計畫，他計畫從捷克布拉格到法國巴黎，中途經過德國和瑞士。他終於出發了，懷著興奮的心情搭乘了直達仁川機場的巴士，他到了機場，出關之後坐上飛機，飛機從仁川機場起飛，經過 11 個小時又 10 分鐘的飛行後，抵達了布拉格瓦茨拉夫・哈維爾國際機場。

　　K 一出機場就馬上去租車，由於是旺季，只剩下一部車，然而因為日程緊湊，他想盡快前往法國巴黎，所以沒有好好聽工作人員的說明就借了那輛車。他裝上行李開車出發了。他以 100 公里的時速行駛 30 分鐘左右，車前引擎蓋忽然冒出濃煙，他將車子停在安全的地方，打開租借文件來看，發現注意事項上寫著：「時速不要超過 80 公里！」他打給租車公司，但客服車輛現在去別的地方出差，需要等很久。直到客服車輛到達為

止，K 在車內漫長等待，結果行程全都搞砸了。

如果 K 仔細查看租車合約，按照自己的計畫，旅行會安全順利完成。**所以不管是什麼目標，為了實現這個目標，首先要做的就是正確地認識自己，當我們正確地了解自己時，才會開始看到自己想走的路和該走的路，否則就無法到達想去的目的地了。「了解自己」是設定和實現目標最重要的事。**

那麼我們到底對自己了解多少呢？我走遍全國，在學校演講時，常問學生們一個問題，就是「你對自己了解多少？」小學生平均回答 80%～90%，國中生平均回答 70%～80%，高中生平均回答 50%～60%，而在教師研習中問老師們的結果，比學生們都還要低，某所學校的教務主任還曾經回答 30%。**本來以為隨著時間的推移和年齡的增長，我們會更加了解自己，但諷刺的是，實際上並非如此，隨著時間的推移，關於我內心裡有什麼、我是誰的疑問只會越來越深。**

這個問題無法明確地回答，但還是有辦法摸清輪廓。電影《賓漢》（*Ben-Hur*）的經典場面之一是戰車競賽場面。男主角賓漢駕著 4 匹馬帶領的戰車與對方展開激烈戰鬥，在這裡，馬和男主角的關係與我們的本能

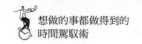
和自己的關係有點相似，就像 4 匹馬引領著男主角一樣，我們的本能也引領著自己，如果沒有本能，我們就像坐在停下來的電車上一樣。

如果最近去學校，會發現學生們都有氣無力。問他們「想要成為什麼？夢想是什麼？」的時候，他們會回答：「不想成為什麼，也沒有想做的事。」這是我在富川某高中教課時發生的事情。第一節課結束後的休息時間，有個一年級學生悄悄走過來向我問問題。

「老師，我什麼都不想做，就這樣什麼都不做不可以嗎？我只想這樣什麼都不做而已……怎麼辦呢？」

對於這個學生而言，他如果沒有能引導自己的本能（欲望），他就只會像坐在停下來的戰車裡，失魂落魄地站在原地，直到有人來把他帶走為止。他們會一直等待著有人來引導自己，就像我回顧自己年輕時，也是希望有人能跑過來對我說：「你做這個會做得很好，我覺得這樣做會更好。」就像等待著不會來的大巴士一樣，浪費了很多時間。那時的我，比起自己在心裡努力找尋什麼，更希望有人能引導我。

我們必須努力尋找真正屬於自己的馬，應該尋找像赤兔馬那樣擁有「本能的馬」（見圖表 2-1 ～ 2-4、

筆記本「❽～❼我的四匹馬」），只有把它放在第一位，才能前進。那隻馬越有力，欲望越大，我們就越能成長得更快、更壯。**了解自己，就是尋找屬於自己的馬，不要把別人的話誤認為是自己的馬**，把父母的話當作自己的馬一樣過生活的人很多，很多人把和自己親近的人所說的話誤認為是自己的馬，但那是他們帶領自己前進的馬，而不是我的，因此，應該要去考慮自己的馬在哪裡。

尋找自己的馬 —— 做‧成‧食‧得

　　假設我們也像賓漢一樣擁有 4 匹馬，這些馬叫做「做‧成‧食‧得」。

　　第一個「做」（Do）是指「想做的事」，假設你的存摺裡有 300 億韓元（約新台幣 7.5 億元），寫下你想做的 25 件事情（例如：去澳門塔高空彈跳、跳傘、看音樂劇、參加防彈少年團演唱會、開車遊歐洲等）。（見圖表 2-1）

做（Do）25	*Wish 25*

做 我想做到 _____

_____

_____

_____

_____

編號	項目
1	去澳門塔高空彈跳
2	在高級飯店享受度假
3	看音樂劇
4	參加防彈少年團演唱會
5	開車遊歐洲
6	向獎學金財團捐贈 10 億韓元
7	在漢江和朋友吃炸雞配啤酒
8	參觀羅浮宮一週
9	跳傘
10	和朋友去看深夜電影

編號	項目
11	在能看到樹的陽台喝熱茶
12	遇見好人並和他／她談戀愛
13	買一台好相機，邊拍風景邊旅行
14	無悔地享受青春
15	常去旅行並研究世界
16	放歡樂的音樂獨自跳舞
17	展現出平凡人也能成為大人物
18	自己划船，邊聽歌邊欣賞風景
19	學英文
20	結交外國朋友
21	對一切都理直氣壯
22	瘋狂工作
23	一年內升職
24	獨自度過一週的時間
25	培養好人脈

圖表 2-1　第一匹馬：「做」

　　第二個「成」（Be）是「想成為什麼樣的人」的「成」，在這裡隨意寫下 25 件想成就的事情就可以了（例如：想成為飛行員、想成為億萬富翁、想成為有魅力的人、想成為有 10 萬名粉絲的網紅、想成為親切的人等）。

　　第三個「食」（Eat）是指「想吃的東西」，想著世上所有想吃的食物，開心地寫下來就可以了，這個也寫出 25 個左右就行了（例如：想吃龍蝦、丁骨牛排、頂級師傅製作的壽司、起司火鍋、法國鹹派等）。

　　第四個「得」（Get）是指「想獲得的東西」，假設自己是 300 億韓元的富翁，把所有想獲得的東西都寫下來（例如：想擁有房子、車子、漂亮的庭院、屬於自己的店、

一個好看的書架而且架上存放打動我靈魂的好書等）。

　　這是尋找自己的馬的過程，如果卡住了，也可以慢慢來，最重要的是要去尋找。每個人都想要的東西當然很好，但尋找出屬於自己的色彩會更好，找到越是獨特的東西，你的個人色彩就越鮮明。

　　如果每匹馬都列出了 25 個，那麼現在就從其中選出這輩子一定要實現的 3 個項目吧。此刻是尋找讓我燃燒欲望、充滿力量的馬的階段。圖表 2-2 以「做」為例，說明了填寫方式，「做、成、食、得」皆以這種方式尋找，選出自己內心深處真正想做的事情，請嚴格挑選 3 項。

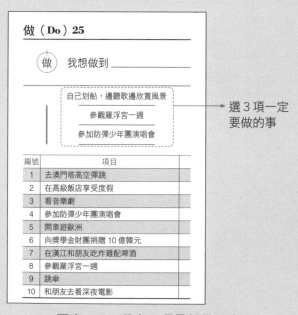

圖表 **2-2**　選出 3 項最想做的事

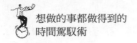

下個階段則是在這 3 項中，只選出一個一定要實現的項目，真的是這輩子絕對、毫無疑問、一定要實現的一件事。

圖表 2-3　選出一項絕對要做到的事

現在到了最後的階段，將「做・成・食・得」的第一名全寫在最後一張紙上。

圖表 2-4　我的四匹馬

　　你已經找到四匹裝載個人欲望的馬，透過欲望的馬來了解自己是個什麼樣的人吧！讓這些欲望的馬盡情奔跑，好好引導你到你想去的地方。請總是將這些事銘記在心，要認為自己可以完成。

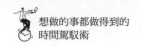

 價值觀會改變選擇

　　我們生活在無盡的選擇之中，早上鬧鐘一響就從「要馬上起床嗎？還是要再睡一下？」一路想到「今天要穿什麼？早上吃什麼？上班路上要聽什麼音樂？到了公司要先做什麼事？午飯吃什麼？下班後做什麼？要不要去健身房？……」說人生是選擇的延續也不為過。每當這時候，就會有幫助我們做出選擇的東西，那就是「價值觀」。

　　價值觀從心底湧現，迅速做出選擇後消失，因為太快了，我們甚至不知道價值觀有沒有跑出來做選擇然後再消失。午餐菜單等瑣碎的決定，在人生中沒有什麼影響，但選擇大學科系、選擇工作、選擇結婚的人，這些決定會對生活帶來很大的影響。

　　簡單來說，價值觀是我們心中的「判斷者」。我們用這個判斷者來論斷和決定世上的一切。例如，到了

適婚年齡，要選擇結婚對象時，有兩個男人向你告白，一個是大學前輩 A，他雖然有點無趣，但個性誠實又努力；而在聯誼活動上認識的 B，雖然不誠實，但很風趣又有魅力。你會選擇誰呢？

根據你的價值觀，會做出不同的選擇。如果生活中認為「誠實和努力」比「趣味和快樂」更有價值，你就會選擇 A；反之，如果認為「誠實和努力」固然重要，但沒有「趣味和快樂」不行的話，就會選擇 B。

除此之外，價值觀也會做出很多決定，對於這樣時時刻刻決定我人生的重要價值觀，我們到底了解多少呢？就讓我們拿出深藏在心中的價值觀，了解一下「我認為什麼才是最重要的」及「我人生方向的鑰匙是什麼」吧。

【第 1 階段】腦力激盪：寫下珍貴的東西

把自己人生中認為重要的詞都寫下來。你寫下的可能是具體的，或者是抽象的東西（如幸福、家人、朋友、努力、時間、環境等）。在我授課的某所學校中，學生寫下了「米血腸」，我本來以為他特別愛吃米血

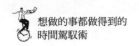

腸，了解之後才知道那是學生養的小狗的名字。不管什麼都可以，仔細想想自己人生裡認為什麼最重要，把想到的東西都寫下來。寫越多就會越清楚自己的價值觀（見圖表 2-5、筆記本「❽ 我的價值觀」）。

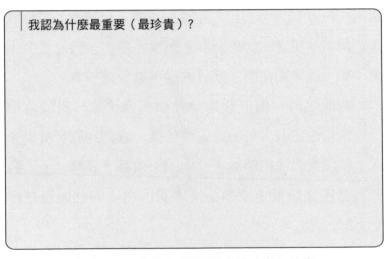

我認為什麼最重要（最珍貴）？

圖表 2-5　我認為最重要（最珍貴）的事

【第 2 階段】分類：將相似的東西分在同一類

　　準備 3 個大箱子，將有共通點的東西裝在同一個箱子裡，如果沒有共通點，就放在「其他」這個另外準備

的第四個箱子裡（見圖表 2-6）。

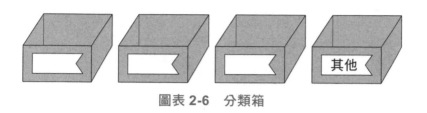

圖表 2-6　分類箱

【第 3 階段】命名：為自己的核心價值取名字

檢視箱子裡那些相似的詞，從中選出它們共同的特徵，例如圖表 2-7，「家人」和「朋友」的共同點是「人」，所以就在箱子上寫「人」做為代表詞。

範例

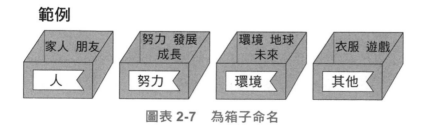

圖表 2-7　為箱子命名

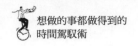
【第 4 階段】我是誰：嘗試說明自己

用 3 個代表詞來說明自己，一定要把 3 個詞組合成句子。

「我是＿＿＿＿＿＿＿＿＿＿＿＿＿＿的人。」

例如「我是珍惜『人』和『環境』並『努力』的人」或者「我是認為透過『努力』可以改變『環境』和『人』的人」等。如果有人問你「你是什麼樣的人」，你就可以回答「我是（這樣）的人」。

價值觀不僅在時間管理上，同時也在整個人生中施加重大的作用，我們不經意作出的決定都是由這種價值觀來判斷的，因此了解自己內心存在什麼樣的價值觀是非常重要的。**正確認識和理解自己的過程，應該在樹立人生目標之前，當我們了解自己「喜歡什麼、珍惜什麼」時，就能確立人生的優先順序，從而減少人生中不必要的決定和選擇。**

11 享受過程的 「人生兌換券」使用法

　　小時候我們應該都有這樣的經驗：我們在圖畫紙上畫人，剛開始因為頭部畫得太大，沒有畫腿的空間，後來只好重畫，或是把腿畫得小一點，留下了很多空白。在畫畫時，是先打草稿再畫下去的人會畫得比較好，還是不打草稿直接即興畫出來的人會畫得比較好呢？

　　當然，如果是已經練習多次的專家，就不會有太大的差異，但普通人則是先打草稿再畫下去的人會畫得比較好。為了整體的比例和協調，先淺淺地畫出草稿，整體構圖才會更和諧，圖畫的完成度也更高。

　　在建築上也是如此，你想在自己買的土地上蓋個漂亮的房子，所以去找了建築設計事務所。A 事務所沒有設計圖，直接邊做邊修改，雖然建築費用比預計的金額便宜，但不知道什麼時候才能完工。B 事務所的建築費用比預計還要高一點，但是他們準備得很充分，從設計

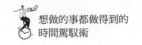
圖到內部裝修都提供照片讓人一目了然。他們甚至還用
3D 圖,展示家裡每個角落的布置樣品,並且承諾會按
照自己的意願進行設計。

　　你會選擇哪一間建築設計事務所呢?沒有設計,就
不能蓋出自己喜歡的房子,如果有想要的房子樣貌,就
需要相應的設計圖才能蓋出來。

　　人生也是如此,為了實現自己所想要的,就必須有
像建築設計圖一樣能看見人生的計畫表,但是我們身邊
的人,大多沒有特別的目標和計畫。當然,他們也有三
十多歲結婚、四十多歲買房子、學好一種語言、時機到
了要做生意等模糊的夢想,但這些都只是放在腦海中,
安慰自己人生用的目標和故事而已。

　　儘管認真制定計畫,努力執行,但最後要是不能如
願以償,就會非常受挫,所以到頭來還是決定按照既定
的樣子生活。也就是說,雖然只有人類有做計畫這種特
別的能力,但我們還是選擇放棄使用它。

　　學射箭時,不可能一開始就得到 10 分,很多箭會
射偏,但是用它們來積累經驗,就會漸漸從射中 5 分,
射中 8 分,到射中 10 分。**就像最初射的箭會射偏一
樣,一開始制定的計畫當然也會沒做好,不需要覺得丟**

臉或受挫，也不必覺得有壓力。在 10 個目標裡，只要
先實現一個，明年再完成兩個就可以了。若持續堅持下
去，不知不覺，自己的目標就能達到 70％～ 80％。沒
摔倒過有可能學會騎自行車嗎？沒被水嗆過有可能學會
游泳嗎？一次也沒揮空就能學會高爾夫嗎？那都是不可
能的。

　　所以我們以愉快的心情來制定目標，享受實現目
標的過程吧。爬上山頂所看到的風景固然壯麗，但登山
的路上看到的風景也非常美好，懂得享受過程的人，才
是真正的冠軍。如果你現在已經做好了享受的準備，那
麼就把你想要實現的 30 件事寫在「夢想熱氣球」（見
圖表 2-8、筆記本「❾ 夢想熱氣球」）中，然後再思考
想要實現這些願望的年齡落點（圖表 2-8 是 35 歲的例
子）。

　　現在就收下你的「人生兌換券」吧（見圖表 2-9、筆
記本「❿ 人生兌換券」），這個兌換券是上天送給你的
禮券，祂說「今生是第一次，真的辛苦了」，所以送給
你 3 張兌換券。只要寫在兌換券上，什麼都可以實現。
每一季選 3 件事寫下來吧，有效期限也可以由你自己來
定（有效期限可以寫上我到什麼時候會實現這個目標，

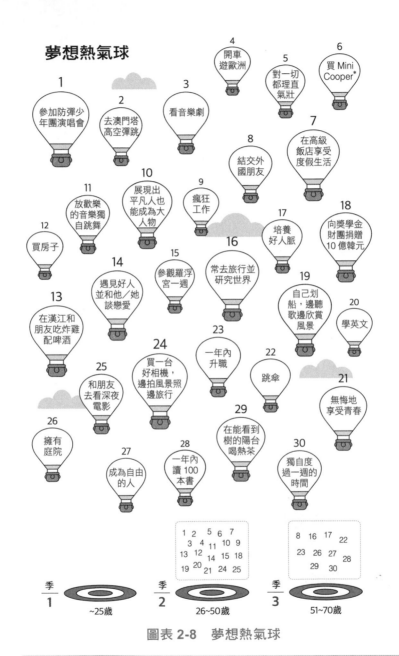

圖表 2-8 夢想熱氣球

---

* Mini Cooper 為汽車品牌 Mini 所推出的一款車型。

但是第 1 季的最長有效期限是 25 歲，第 2 季是 50 歲，第 3 季是 70 歲）。

　　就算每一季想寫 3 個以上的東西，但是考量我們頭腦的專注力，就先寫 3 個吧，我們的大腦一次想不出那麼多東西。

　　一個月後如果想更換清單，可以隨意更換。項目隨時都能修改，但是只能寫 3 項，請參考前面的「夢想熱氣球」來填寫吧。

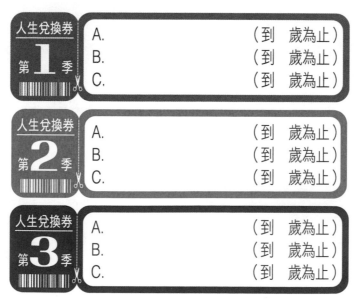

圖表 2-9　人生兌換券

如果已經在兌換券寫好自己想實現的目標，那麼現在就寫出可以使用這張兌換券的最後日期（我人生的預計截止日），把平均壽命減去你的年齡就可以得出日期了。韓國統計廳最近公布的平均壽命男性為 79.7 歲，女性為 85.7 歲，為了方便計算，我們四捨五入，以平均壽命男性 80 歲，女性 86 歲為參考，在自己的出生日期加上平均壽命。[*]

圖表 2-10 是人的一生的身體能量曲線圖，據說人類的身體能量在 35 歲時是高峰。現在，寫下最長的有效期限，並制定一個中間計畫來實現我們的兌換券吧。舉例來說，35 歲的 K 寫下的第 2 季人生兌換券如圖表 2-11。

為了制定第 2 季的中間計畫，請先在圖表填入 A、B、C 項目（見圖表 2-12、筆記本「❿ 人生兌換券」）。

---

[*] 根據內政部「110 年簡易生命表」統計，台灣人平均壽命四捨五入後，男性為 78 歲，女性為 84 歲。

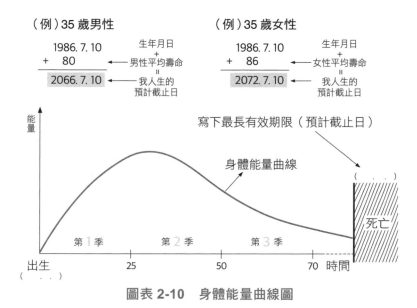

（例）35 歲男性

1986. 7. 10
+　　80　　←── 男性平均壽命
＝
2066. 7. 10　←── 我人生的
　　　　　　　　　　預計截止日

生年月日
+

（例）35 歲女性

1986. 7. 10
+　　86　　←── 女性平均壽命
＝
2072. 7. 10　←── 我人生的
　　　　　　　　　　預計截止日

生年月日
+

能量

寫下最長有效期限（預計截止日）

身體能量曲線

（　.　.　）

死亡

第 1 季　　　　第 2 季　　　　第 3 季

出生
（　.　.　）

25　　　　　　50　　　　　　70　時間

圖表 2-10　身體能量曲線圖

人生兌換券
第 2 季

A. 能像説母語般説英文　（到 38 歲為止）
B. 在巴黎生活一個月　　（到 45 歲為止）
C. 買 35 坪大的公寓　　（到 48 歲為止）

圖表 2-11　K 的第 2 季人生兌換券

A. 能像説母語般説英文	B. 在巴黎生活一個月	C. 買 35 坪大的公寓
A-1 _____	B-1 _____	C-1 _____
A-2 _____	B-2 _____	C-2 _____
A-3 _____	B-3 _____	C-3 _____

圖表 2-12　K 的 A、B、C 目標

然後寫上實現這些人生目標的詳細小目標。讓我們寫下為了實現人生兌換券 A、B、C 目標而首先要實現的詳細小目標吧（見圖表 2-13）。

A. 能像說母語般說英文	B. 在巴黎生活一個月	C. 買 35 坪大的公寓
A-1 累積發音基礎	B-1 達到法語初級程度	C-1 存到 5,000 萬韓元
A-2 背 300 句英語會話	B-2 準備經費	C-2 存到 1 億韓元
A-3 去加拿大念語言學校	B-3 學習巴黎文化	C-3 存到 3 億韓元

圖表 2-13　K 的 A、B、C 詳細小目標

把詳細小目標寫下來後，再制定一個有條不紊的 5 年計畫。韓國為了提升經濟成長，從 1962 年到 1981 年分 4 次訂定經濟開發計畫時，也將期限定為每次 5 年。從 1982 年開始，更名為經濟社會發展 5 年計畫，制定了 1982 年到 1996 年的各個 5 年計畫。以 5 年為單位的該計畫，使韓國實現了世界史上從未有過的超高速經濟成長。

此外，史丹福大學取消三、四年級學生的期末考，取而代之的作業是請他們描繪出自己 5 年後的模樣並訂定完整的計畫；哥倫布（Christopher Columbus）在 5 年內發現了巴拿馬群島、古巴、艾斯潘諾拉島、北美

和南美大陸；米開朗基羅（Michelangelo Buonarroti）僅用 5 年時間，就畫出了「西斯汀禮拜堂壁畫」（The Sistine Chapel）；亞馬遜（Amazon）創始人傑夫・貝佐斯（Jeff Bezos）在 30 歲時還住在不到 13 坪的公寓裡，5 年後成為純收益高達 100 億美元的富翁；根據美國的一項研究結果顯示，5 年內就會決定一個企業是屬於那 10％的成功企業，還是那 90％沒有成功的企業。

　　所以我們也來想像一下 5 年後的自己吧（見圖表 2-14），想像一下自己會變成什麼模樣，周遭又會有什麼變化，然後具體寫下今生想要實現的人生兌換券，應該要做些什麼事。

5年

第 1 階段	第 2 階段	第 3 階段	第 4 階段	第 5 階段
2021 年	2022 年	2023 年	2024 年	2025 年
○練習英語發音 ○報名英文補習班 ○存到 2,000 萬元 ○ ○	○研究管道 ○交外國朋友 ○存到 5,000 萬元 ○ ○	○學經濟、會計、不動產 ○看無字幕美劇 ○存到 1 億元 ○ ○	○開始學法文 ○看無字幕美劇 ○資產提升到 2 億元 ○ ○	○準備上加拿大語言學校 ○出發去上語言學校 ○交法國朋友 ○資產提升到 3 億元 ○

圖表 2-14　5 年階段計畫

　　最後要做的是從這個月開始，決定這一年內該做的事情，並計畫好日程（見圖表 2-15）。

1年

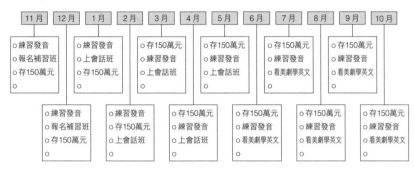

圖表 2-15　1 年計畫

　　從人生兌換券到這個月該做的事情全都寫好後，我
認為就會出現看清楚自己整個人生的好時機。把每一季
的人生兌換券銘記在心吧，刻在心裡的人生兌換券，將
會引導你走向一個無悔的人生。

12 在目標裡灌注生命的方法

受精卵和未受精卵的差異是什麼呢？它們最大的差異就是「目的」。兩者的目的太不一樣，一個是生命，一個是人類的食材。你的目標呢？是有生命的還是沒有生命的？為了讓你的目標破殼而出，你必須學會為目標注入生命。因此，首先要在一、兩個月內確定自己想要實現的短期目標，在 3 週內決定也不錯，但是不要超過兩個月。

目標設定為 3 個階段（見圖表 2-16、筆記本「❿目標 3 階段」），第 1 階段是寫出短期內想實現的 10 個目標。制定短期目標時，最好儘量寫出明確且可評估的數據（例如，減肥 3 週→ 3 週內減 5 公斤；讀書→一週讀完一本書，連續讀 4 週等）；在第 2 階段，從這 10 個目標中選出真正想實現的 3 個來決定順序；在第 3 階段，則從第 2 階段裡挑選的 3 個項目中，選出一個最想

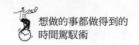

實現的目標。

目標 3 階段

第 3 階段

★ 一週讀完一本想讀的書（如何成為作家等書籍）

寫上第 1 順位的目標

第 2 階段

Ⓐ 3 週內減 5 公斤（拍身體寫真）　　　　　第 2 順位

Ⓑ 一週讀完一本想讀的書（如何成為作家等書籍）　第 1 順位

Ⓒ 每天背 30 句美劇裡出現的對話句子　　　第 3 順位

圖表 2-16　目標 3 階段

舉例來說，K 在第 2 階段（見圖表 2-16）寫了 3 個目標，但在這裡，我們產生了一個重要的疑問：「**對於達成第 1 順位的目標，第 2 和第 3 順位的目標能給予幫助嗎？還是會形成妨礙呢？**」正確答案是：「**很多時候沒有幫助，反而會形成妨礙。**」

簡單來說，A 是運動目標，B 是讀書目標，C 是學習目標，雖然運動後，在清醒的頭腦下讀書好像不錯，但如果運動過度，有可能會想睡覺。另外，也可能因為

背 30 句會話而沒辦法讀書。事實上，第 2、3 順位的
目標，與其說是幫助實現第 1 順位的目標，不如說是妨
礙。因此，我們在實現第 1 順位的目標之前，最好先完
全忘記第 2、3 順位的目標，等到實現第 1 順位的短期
目標後，再開始做第 2 順位也不遲。想要魚與熊掌兼
得，實際上可能兩者都會失之交臂。

　　大家小時候在運動會上，應該都有用沙包丟葫蘆的
經驗，這個沙包丟葫蘆的遊戲可以應用在實現目標上。
例如，我們把目標寫在 10 個葫蘆裡，為了實現目標而
丟出沙包。雖然我們會想一次丟出很多個沙包，盡快讓
葫蘆爆開，但是拿到的沙包只有 24 個，往一號葫蘆丟
一個沙包，又往二號葫蘆丟一個，再往三號葫蘆又丟一
個……這樣往 10 個葫蘆丟沙包的話，葫蘆爆開之前，
自己就先累垮了。

　　所以我們要改變方式，不能以全部的葫蘆為目標，
而是先把一個葫蘆當作目標來丟沙包，丟到葫蘆爆開為
止。如果這邊也丟，那邊也丟，一直丟沙包卻看到葫蘆
完全沒有任何變化，那麼我們就會產生放棄的念頭。但
是，若我們懷抱著想要實現目標的想法，有耐心地努力
丟沙包，就能「啪」的一聲讓葫蘆爆開，完成目標所產

生的自信心也充滿全身。現在輪到挑戰第二個葫蘆了，
與第一次丟沙包時相比，我們的準確度已經有所提升，
也可以更加專注精神、更有技巧地讓葫蘆爆開，因此，
我們會比第一次丟的時候，更快讓葫蘆爆開，而第三個
葫蘆、第四個葫蘆也接著爆開，現在我們已經能抓到葫
蘆什麼時候會爆開了。

為了維持欲望和熱情，大部分的人會認為目標和夢
想越多越好，但實際上，結果卻是截然相反的，事實證
明，**目標越多的人，就越有不能堅持下去做任何事情的
傾向。**

美國耶魯大學教授艾咪 · 瑞茲奈斯基（Amy
Wrzesniewski）的研究團隊歷時 14 年，對陸軍士官學
校的一萬名士官預備生進行了調查。透過 30 個項目的
問卷調查，對實驗參與者的陸軍士官學校報名動機進行
了精密分析。據說，內在動機強的人比弱的人更多了
1.5 倍的機率成為軍官，5 年間完成任職任務的人也是 2
倍。這是我們可以預見的結果，但即使我們是內在動機
強的人，如果手段動機（目標推進動機）多，成為軍官
的機率也降低了 20％，因為目標多會分散力量，令人
疲憊。

1957 年，美國心理生物學家科特‧里克特（Curt
Richter）以「水溫對耐力的影響」為題，在 12 個燒杯
中各放入一隻老鼠進行實驗。他從 0 開始調節水溫，測
試老鼠能堅持多久。大部分的老鼠平均能活 15 分鐘，
但有 3 ～ 4 隻老鼠的存活時間高達普通老鼠存活時間的
24 倍，最久的到達 60 小時。他對此感到神奇，因而再
次進行了第二次實驗。這次他不是用燒杯，而是把老鼠
放進碗裡，接著撈出來，讓牠自由活動一下，然後再重
新放進水裡，反覆這樣的動作。第二次的實驗為老鼠提
供了成功逃脫的經驗，之後在與第一次實驗相同的條件
下將老鼠放入燒杯，此時，經歷第二次實驗的老鼠們，
竟然平均存活了 60 個小時以上。

　　這個實驗結果證明，如果具有克服困難和戰勝危機
的經驗，以後遇到危機時，克服它並成功的機率就會提
高，因此與其勉強自己設定多個目標，不如一次只制定
一個能完成的目標，並實現這個目標，積累這些小小的
成功，你的能力和自信就會變成鋼鐵。先從設定一個目
標開始吧！

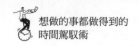

13 尋找你的偶像

　　我們在學新東西時，是用什麼方法學會的呢？雖然方法有很多種，但最基本的方法是「模仿」。想想剛出生的孩子就簡單多了，小孩子學說話時會看媽媽的嘴型，聽媽媽的聲音跟著做，也就是模仿媽媽。母親向視野只有 30 公分的嬰兒伸出舌頭，嬰兒就會神奇地跟著伸出舌頭。打哈欠的例子也差不多，在幾個人的面前打哈欠，有的人便會因為看到這個畫面而跟著打哈欠。會產生這種現象，是因為我們的大腦中有鏡面細胞。

　　鏡面細胞是 20 世紀神經科學領域值得關注的部分，它位於大腦的全運動皮質下方、頂葉下方、側葉上方。義大利帕爾馬大學的賈科莫‧里佐拉蒂（Giacomo Rizzolatti）帶領博士團隊在大腦研究中發現，猴子會在看到其他猴子的行動或模仿猴子的行動中，活化鏡面神經細胞。鏡面神經細胞是指，只要看到他人的行動，就

會像是自己的行動一樣運轉的細胞。據說，自己吃香蕉時，和看到有人在自己眼前吃香蕉時，大腦的反應部位是一樣的。

這種鏡面細胞使我們在成長過程中，會模仿自己最常看到的人。如果那個人是父母，你就會無意中模仿父母的表情、語氣和步伐等。例如，如果父母喜歡讀書，孩子也會喜歡讀書；如果父母常看電視，孩子也會常看電視；如果父母沉迷於智慧型手機，孩子也會沉迷於智慧型手機。媽媽如果一邊滑手機，一邊督促孩子看書，只是白費功夫而已。如果想要孩子看書，父母應該自己要先看書。

我們會想要模仿自己看到的東西，都是因為大腦中的鏡面細胞。因此，有句古老諺語說：「孩子看著的地方，連涼水都喝不了。」這句話即是用來比喻孩子們盯著看的時候，不能隨便行動或說話。此外，大人們也會說：「懷孕時多看漂亮的東西，吃好吃的東西吧。」從鏡面細胞的角度來看，這句話是有道理的。

如果周遭有讓你想仿效的楷模人物，你就是個幸運兒，但如果身邊沒有可以仿效的對象，你也可以透過書本找出一些想要仿效的偉人。這種透過書本來認識偉人

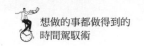

的間接經驗，對鏡面細胞來說有很大的幫助。

　　因此，小時候閱讀偉人傳記是非常重要的，如果常讀偉人故事，例如：朝鮮名將李舜臣、朝鮮思想家丁若鏞、朝鮮作家申師任堂、義大利博學家李奧納多‧達文西（Leonardo da Vinci）、法國聖女貞德（Jeanne la Pucelle）、天主教德雷莎修女（Mother Teresa）等的生平故事，就會發現他們的生活與精神滲透到自己的身上。這些滲透進來的故事，在我們的內心深處逐漸變得堅硬、圓潤，最終變成只屬於我們自己的寶石。鏡面細胞能讓我們仿效這些人，逐漸吸收並模仿他們的人生。

　　有無數的人，透過書本改變了人生。歐普拉‧溫芙蕾（Oprah Gail Winfrey）在不幸的環境中成長，儘管她生為黑人，仍獲選為 2013 年《富比士》（Forbes）雜誌世界百大最有影響力之人，讓我們一起來看看她的人生故事吧。

　　歐普拉出生在密西西比州鄉下，是個私生兒。她出生時被母親遺棄，從小和奶奶一起生活。奶奶的健康惡化後，她被送到母親所在的威斯康辛州密爾瓦基縣。為了負起責任照顧年幼的女兒，母親需要外出從事清潔工的工作。母親暫時離開家的時間，9 歲的歐普拉和表哥

受到了親戚的虐待。她難以承受自己那顆受傷的心，所以過著越來越扭曲的生活。最後，獨自撫養 3 個孩子的母親，把 14 歲的歐普拉送到了她親生父親居住的田納西州納什維爾市。在那裡，14 歲的歐普拉成了未婚媽媽，早產的孩子活不到一個月就離開了人世，父親為了讓受傷的小女兒過上嶄新的生活，致力於女兒的教育。

重新回到高中的歐普拉，在 16 歲時透過一本書迎接了人生決定性的轉折點。那本書是《我知道為什麼籠中鳥高歌》（*I Know Why the Caged Bird Sings*）。這本書是馬雅・安吉羅（Maya Angelou）克服種族歧視、貧窮與虐待，成功成為新聞工作者和作家的自傳。從此，歐普拉想要像安吉羅一樣，努力成為能夠帶給別人勇氣和自信的人。

後來，歐普拉進入電視台，在只有白人男主持人的廣播界展現她的存在感。1986 年，她終於開始了以自己名字命名的《歐普拉秀》（*The Oprah Winfrey Show*），這個節目二十多年來都是脫口秀節目中收視率第一的歷史性節目，甚至創造了「歐普拉主義」（Oprahism）這個新造詞，意指「人生的成功不是取決於他人，而是取決於自己」。

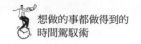
我們再來看看另一個例子吧。約翰·F·甘迺迪（John F. Kennedy）的夢想是成為美國總統，他的榜樣是美國第32屆總統富蘭克林·羅斯福（Franklin D. Roosevelt）。甘迺迪年輕時在心中深深地刻上了羅斯福的形象，他學習羅斯福，並研究他的政策以及他的個人特質。最後，甘迺迪化身成他心中的榜樣，成為了美國總統，並實行與羅斯福相似的政策。

決定榜樣的方法

1. 尋找你嚮往的性格、品性和人生成就的代表性人物。
   徹底研究自己想要學習的人物（書裡或周圍的人皆可）。
2. 從這些人中先決定一個自己想要仿效的人物。
3. 連續3週徹底研究這個人。
   蒐集並充分閱讀他的自傳、報導、演講等資料。
4. 像那個人一樣行動。
   透過鏡面細胞將更快實現目標。

決定榜樣是為了進一步提升自己生活的價值，更快實現自己想要的目標。按照自己的方式去研究、學習與模仿榜樣

就可以了。先思考 10 分鐘，想想自己有沒有想要仿效的人物，馬上寫下現在腦海中浮現的人名吧，以後想要再換也沒關係。每當有空的時候就去研究那個人，從現在就馬上開始去做吧（見筆記本「❷ 楷模人物」）。

我們也來尋找並研究能讓鏡面細胞模仿的人吧！如果去學習和研究這些楷模人物的真實故事，了解他們付出的不懈努力，那麼在不知不覺中，鏡面細胞就會啟動，我們的想法和生活就會一點一滴變得像那個人，這麼一來，我們也將為其他人帶來勇氣和希望。

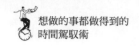

14　記事本是最棒的祕書

　　如果從今天開始，你有了祕書會怎麼樣呢？我是指那種會負責記錄你全部的工作、管理你的日程、細心注意你遺漏的事、蒐集你生活的痕跡、為你製作一本自傳的祕書。如果我們擁有 100％的記憶力，能夠記住所有聽見和看見的東西，也許就不需要祕書了。但是，我們會忘卻，如果沒有這個「忘卻」，我們在生活中犯下的錯誤、從別人那裡受到的傷害，以及離別的痛苦，將全被我們記下來，這樣就很難好好生活到現在了。因為有「忘卻」這個禮物，我們才能把痛苦的記憶變得模糊，重新懷抱希望生活下去。

　　雖然「忘卻」是這麼棒的東西，但對讀書的人、工作的人，以及忙碌生活的人來說，它也成了一個難題，它總是讓人忘記需要記住的事情，令人痛苦。

　　人的記憶大致有 3 種，分別是感覺記憶、短期記憶

和長期記憶。「感覺記憶」是指對 5 種感官所接受的刺激短暫儲存的記憶，例如，我們盯著紅色一段時間後，再看向別的地方，就會留下紅色的殘像，這是感覺記憶把剛才看到的紅色暫時記住了。

「短期記憶」又稱為工作記憶，人們在短時間內可以記住 7±2 個左右的東西。很多人應該都玩過「去市場的話」這個遊戲，這是記住前面的人說的字詞，按順序說出來的遊戲。和學生們一起玩時，很神奇的是，學生們通常會從第五個左右開始出錯。

「長期記憶」的記憶數量沒有限制，比短期記憶能記住的時間更長，只要記住一次，就會長久保存，但是為了保存為長期記憶，需要付出很大的努力，像是我們即使背誦了 100 個英文單字，腦海裡也不會留下太多，甚至過了幾天後，全都記不清了。

有時候和朋友見面聊天或在公司開會時，會有些想法忽然掠過大腦，這時我們會想著「待會要記下來」，後來想寫下來的時候，卻完全想不起來。這是因為用短期記憶來抓住瞬間閃現的創意和想法是有限的。

大腦很容易因為記憶時間短暫和天生的忘卻能力而把事情忘記，所以我們需要能完善大腦系統的祕書，也

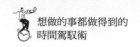
就是 —— 記事本。記事本會仔細安排你可能會忘記或錯過的紀念日及行程，它有很多優點，其中最大的優點有以下 3 個：

1. 提高效率

效率是指「所付出的努力和取得的結果的比率」。換句話說，即指與輸入相比，輸出的效果能有多好。投資 15 分鐘寫記事本的話，能因此節省幾個小時呢？

美國未來學者詹姆斯・W・博特金（James W. Botkin）在分析和研究成功人士的時間使用模式中，發現了「15:4」的法則，這是指如果在開始工作前，花 **15 分鐘思考自己要做什麼，之後可以節省 4 個小時的法則**。美國前總統林肯（Abraham Lincoln）說：「如果給我 6 個小時砍樹，我會把 4 個小時用在把斧頭磨得鋒利。」審視要做的事情後，先安排好重要的事，再把瑣碎的小事塞到其中，會比只處理眼前的事更有效率。記事本可以幫助我們有效處理事情，還可以記住各種紀念日，達到加深人際關係的效果。

2. 保持平衡

　　記事本能為你的生活帶來平衡。從幾年前開始，「工作與生活的平衡」（work-life balance）這個關鍵字成了趨勢。這個詞於 1970 年後半在英國首次出現，用於描述分配在工作與生活其他方面的時間之均衡。使用記事本，可以讓我們維持適當成長和休息的平衡。夢想著成長的人如果定下時間來休息，反而有機會讓其他時間過得更密集。

　　記事本不但能安排行程，還能透過睡眠追蹤（sleep tracker）使睡眠和清醒時間變得有節奏也更加協調，也能用心情追蹤（mood tracer）來檢驗自己一個月的心情，並透過運動追蹤來檢驗日常生活和運動的平衡等。記事本有多種功能，這些功能發揮了保持工作和生活均衡的作用。擁有在紙上用自己的方式記錄的習慣，也會給個人的生活帶來變化。

3. 克服低潮

　　每個人都會偶爾陷入低潮，陷入低潮的原因有幾

種，首先是工作過度和疲勞累積，這時好好利用記事本，就可以找到適當的睡眠和需要做的事情之間的均衡。其次是心理上的壓迫，無論是即將上考場的學生，還是面臨大賽的選手，想要達到某種目的時，都會感到緊張和恐懼，但如果我們將計畫分成小步伐，從小事開始成功，體內的自信心就會增強，讓我們戰勝恐懼。最後是在忘記目標而失去初衷的時候，要是能看到自己已經取得的成果，看到自己一直以來為目標而努力的記錄，將會有很大的幫助。

　　低潮主要會發生在自己努力也沒有任何進展的時候，這時記事本會告訴你：「**看看這個記事本吧，你活得很認真，也付出了很多努力。在你的努力之下，很快就會發光發熱，你的一切都會好起來的。**」

　　人文學是人類走過的足跡，所以就像閱讀人文學來理解人類，讓自己成長一樣，我們也需要記錄自己的足跡。記事本除了管理行程的功能，還發揮記錄個人生活的作用，讓我們為了更好的自己而寫下「人類」的故事吧！向周遭心愛的人展現出自己是怎樣的人，走過什麼樣的路，以及未來要往哪裡去。

第 3 章

不誇大，只擬定
有效的「計畫」

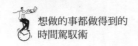
15　遵守與自己的約定，培養恆毅力

「你是會遵守與自己的約定的人嗎？」

對這個問題能堂堂正正地回答「是」的人，應該已經是成功人士了，因為大部分的人都不是這樣。我們努力遵守與他人的約定，卻常常輕易違背與自己的約定。

L 這陣子以來，一直邊看電視劇邊享受炸雞和啤酒，他覺得自己好像變胖了一點，因此下定決心要減肥。他到住家附近的健身房登記了 3 個月的會員，和自己約好在這段時間內一定要減掉 9 公斤。

第一天雖然有點累，但覺得身體好像有點變輕了，所以心情很好，他安慰自己登記健身房會員這件事做得不錯，帶著輕快的腳步回家了。他就這樣連續去了 3 天，但到了第四天就面臨了危機。外面淅瀝淅瀝地下著雨，朋友打電話來說要一起吃炸雞配啤酒，他考慮了一下之後，覺得一天不去健身房也沒關係，所以最後選擇

了友情和炸雞啤酒。

「從明天開始更努力就行了～」

雖然只有一次違反和自己的約定是沒關係的，但如果反覆違約，從意志的角度來看就會出現問題。**越是違背與自己的約定，意志就會越薄弱，意志越薄弱，在做某件事遇到障礙時就會越容易放棄。**這種循環是會重複的，而且意志是完成任何事都不可或缺的重要因素。

以美國西點軍校為例，在激烈競爭下入學的每五名學生中，就有一名會在集中訓練途中輟學；而為了考進去而努力了兩年以上的學生們，有些也在入學兩個月後就放棄了自己的夢想。《恆毅力》（*Grit*）的作者安琪拉 ‧ 達克沃斯（Angela Duckworth）發現，學生是否能通過訓練，比起他們的成績和才能，更取決於「恆毅力」。「恆毅力」是熱情加上毅力，熱情和毅力是做任何事的強烈意志，這個意志重視與自己的約定，能引導自己以堅強的意志過生活。如果沒有意志，就沒有熱情和毅力，如果不能繼續遵守與自己的約定，意志就會變得薄弱，甚至會陷入無力。

世界上有許多珍貴的人，如父母、家人和朋友等，但最珍貴的人其實是自己。有我才會有別人，要遵守與

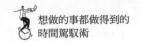
如此珍貴的自己立下的約定。如果覺得自己可能做不到，最好一開始就不要做約定，因為遵守了幾次及違反了幾次與自己的約定，這些數字都會原封不動地儲存在自己的心中，就算能騙過天騙過地，卻騙不過自己，我們會很清楚自己可不可靠。每個人所說的話和約定的分量都不同，有些人說話會讓你感到有重量，產生信任感，而有些人說的話和做出的約定卻像羽毛一樣輕浮，難以相信和依靠。

　　意志是靠著和自己的約定來成長的，哪怕只是小小的約定，只要遵守，意志就會隨之增強。意志變強了，就可以達成更大的約定，這樣的良性循環，將會給自己以後不放棄任何事，堅持到底的力量。訂定目標、制定計畫與實現這些目標的必要條件就是意志，為了培養出這種意志，希望大家從今天起就要遵守與自己的約定。

16 不會失敗的目標達成法

　　很多人都想追求戲劇性的變化，想在最好的條件下，以最佳的狀態制定出夢幻般的計畫。但是如果按照計畫進行幾天，就會發生意想不到的突發事件，這是計畫中沒有的事情，而計畫和行程會像骨牌一樣倒下，使最初制定的計畫崩毀。如果我們反覆發生這樣的事，就會變得乾脆不要制定計畫，即興做事，只處理交辦事項，並且漸漸失去自由的意志。

　　計畫是人類獨有的特權，計畫是帶著自由意志、不浪費寶貴時間，向理想生活邁進的必要工具。但是，這種工具有時會因為巨大的欲望，而無法正常發揮作用。巨大的欲望會將計畫和實踐的隔閡拉開，使我們遠離成功，因此若想靠近成功，我們不該在有限的時間中滿足欲望，而是應該消除欲望。時間管理越複雜就越難實現，就像真理總是簡單明瞭，時間管理也需要簡單明瞭。

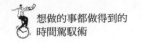
　　貪念會讓我們高估自己，而這樣的高估則會導致我們制定出不合理的目標和計畫，使我們陷入無法實現的泥淖，讓我們在無法實現的泥淖裡掙扎，並失去自由意志，變得越來越無力。

　　有一天，小豬、小牛和小企鵝透過氣球來比賽誰能飄得更遠，牠們使用「氣球變大線就會變細，氣球變小線就會變粗」的獨特氣球進行了比賽。

　　小豬有著極大的欲望，因此把氣球吹得很大，而氣球越大，綁著氣球的繩子就越像蜘蛛絲一樣細；小企鵝吹出了自己能控制的氣球大小，因此繩子的粗細也稍微有所改變；小牛則是小心翼翼地把氣球吹得小小的，結果繩子變得很粗。隨著出發的槍聲響起，3隻動物一起飄向天空。

　　小豬一飛起來，氣球的細繩就斷了，牠掉到了原位，而滿懷欲望的氣球則獨自飛向天空；小牛因為氣球太小，讓牠看似要飛向天空了，但最後又掉下來，就這樣反覆好幾次後，小牛漸漸對比賽失去興趣；小企鵝則是用適當大小的氣球飛得很好，順利到達理想的成功地點，贏得了這場比賽。

這場比賽裡的氣球是目標的大小，而繩子則是成功的可能性，如果目標變大，成功的可能性就會降低，如果目標變小，成功的可能性就會提高。如果像小豬一樣制定了滿懷欲望的目標並在反覆實行後失敗，那麼就會失去繼續挑戰的欲望。如果連制定計畫也行不通，就會陷入無力的泥淖。

另外，如果制定像小牛一樣非常明確、任何人都能做到的目標，意欲就會下降，想要挑戰的想法也會消失。所以，最重要的是喚起適當的挑戰精神，制定只要努力就能實現的計畫。

考生如果太在意周遭他人的眼光又過度高估自己的實力，把目標大學定得太高，那麼比起一步一步穩扎穩打累積基本功，他會傾向去解決難度大的問題。但總是答錯，學習的樂趣就會逐漸下降，最後連學習本身都會變得困難。

我們最好能夠準確掌握自己的實力，定下可以挑戰的目標，制定相應的計畫，讓自己覺得只要努力，就能考上喜歡的大學，那麼就會更加專注在學習上。

如果制定不合理的目標，必然會出現不合理的計畫；如果知道成果和努力之間是相關的關係，從一開

始就不會制定太過分的計畫。通常我們腦海中的努力和
成果是圖表 3-1 的直線 A，也就是說，如果努力 10，
就會取得 10 的成果，如果努力 50，就會取得 50 的成
果，但實際上，以曲線 B 出現的情況較多。如果經過
10 分的努力，實際成果卻只有 3 分，就會有 7 分的失
望；後來更加認真，付出了 20 分的努力，但成果卻是
8 分，這樣就會因間隔的差異而失望，失去力量。儘管
稍微有意志的人會更努力，但是大多數人對於滿足感低
落的事都會輕易放棄。

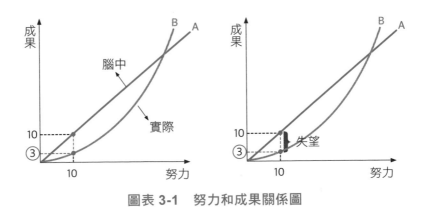

圖表 3-1　努力和成果關係圖

你一定至少有過一次這樣的經驗，那就是你努力嘗
試，但你的能力卻沒有提高多少，但是有一天，能力卻

突然大幅提升。會有這樣的情況，是因為大部分的努力和成果都是階梯式的。這種階梯式成長的圖表可以用另一種方式來描述。

有一家公司舉行戒菸大會，第一名可以獲得獎金 500 萬韓元（約新台幣 12.5 萬元）。集訓第一天，1,000 名參加者都幹勁十足，戒菸成功。但從第二天開始出現了放棄者，第 1 階段中有 80％的人中途放棄，只剩下 20％的 200 人進入第 2 階段；而在第 2 階段，又有 80％的人沒能戰勝艱難的過程而選擇放棄，只有 20％的 40 人進入了第 3 階段。如果約有 80％左右的競爭者放棄，就會出現逐級直線上升的現象，並會以這種方式，沿著指數曲線以階梯式的提升來取得成果（圖表 3-2）。

即使與努力相比，沒有任何成果產生，也要堅持努力下去，不放棄地堅持下去，總有一天就會實現目標。但是我們沒有想像中那麼有耐心，也沒有那麼具節制性，因此，在這種情況下，「縮小目標大小」是一個解決辦法。不要從一開始就設定 10 的目標，而是初期先制定 3 的目標，之後制定 7 的目標，然後再制定 10 的目標即可。最好把目標大小縮小到能掌握在手中的程

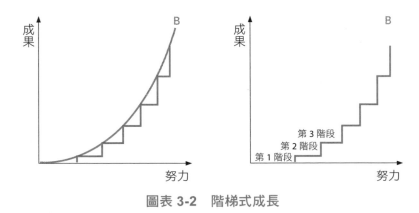

圖表 3-2　階梯式成長

度，並且自己決定目標的大小，不要問別人。由自己制
定可能達成的目標吧！

　　訂定目標與制定計畫時要冷靜，如果心不在焉地隨
便計畫，之後光是看到緊湊的日程表就會感到壓力。俗
話說「慢如牛步」，與其因無法忍受緊湊的日程而中途
放棄，不如悠閒地像黃牛一樣一步一步向前走，也許反
而會更快達成。

在生活中運用「小步伐」

　　有兩個人參加了「快速吃披薩大賽」，A 把一整盤披薩分開一片片吃，B 把一整盤披薩捲起來一起吃，到底誰吃得快呢？正確答案是 A。比起像 B 一樣把披薩整個捲起來吃掉，細分著吃反而更快，消化也更順暢。有效處理任何事情和項目時也是如此，與其下定決心一次性處理所有的事，不如分工處理。這樣細碎分開處理的方式就叫做「小步伐」，小步伐的特點是讓壓力最小化、能量消耗量減少、處理速度提升。

　　某天早上 9:00，上司為了要你寫報告而遞上了一本書，並指示你必須在今天之內讀完這本總共 400 頁的書。你回到辦公桌看著這本書，心想：「這東西什麼時候才能讀完啊⋯⋯」並感到相當鬱悶。雖然讀了又讀，但是因為 400 頁的沉重感，讓你看書的時候根本看不進去，閱讀的速度也越來越慢。這個時候，我們就應該採

用「小步伐」的方式！首先，如果將 400 頁分成 8 個小時，每個小時需要閱讀的分量就是 50 頁。假設讀 50 分鐘休息 10 分鐘，每分鐘讀 1 頁，50 分鐘休息 10 分鐘即可。與一次要讀 400 頁相比，心情會稍微舒服一點，壓力也會減輕，就能夠集中精神了。

在進行全家大掃除時，為了有效處理工作，也會採用「小步伐」的方式。首先把要打掃的地方分為浴室、大房間、小房間、客廳和廚房等區域，浴室如果要一次打掃完，就需要很多時間，所以我們要利用零碎的時間。例如洗臉時，把洗手台稍微擦一下；如果覺得馬桶有點髒，就用刷子刷一下；如果還有點時間，就用蓮蓬頭稍微除去地上的灰塵。這樣分成一小步一小步來工作，會比想像中更不費力，也會比我們所預期的還要快。

讓我們再多加應用「小步伐」，一起來了解在做不熟悉的領域工作時，能使用哪些技巧。例如，在閱讀陌生領域的書籍時，如果像圖表 3-3 一樣平均分成多次來閱讀，開頭的進度不會輕易往前，因為這是你不太了解的領域，所以字詞很陌生，句子也很難理解。這時候最好像圖表 3-4 一樣，以梯形來做分工。無論什麼事，剛開始做的時候，都需要花費很多時間來理解。在讀難懂

的書時，經過前面難以理解的部分之後，會逐漸熟悉字詞，也會漸漸掌握作者是出於什麼意圖說話，看書的速度就會逐漸加快。

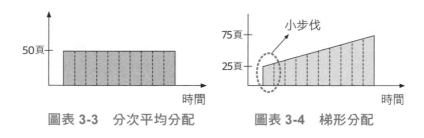

圖表 3-3　分次平均分配　　　圖表 3-4　梯形分配

　　10 天內如果可以均等分配讀完 50 頁固然很好，但如果是很難理解的書，第一天讀 25 頁，第二天讀 30 頁，第三天讀 35 頁，讀起來會更容易理解。在開始某件事時，要降低心理抵抗力，所以「開始」非常重要，若以小步伐開始，處理事情就會漸漸加速。因為是梯形，所以看起來前半部工作較少，後半部工作較多，但如果辦事能力加快，會比想像中更順利在理想的時間內完成。「切成小塊，各個擊破！」這就是小步伐的核心技術。

　　在每天進行的程序中也可以使用小步伐，例如：為了自己的成長，訂定了每天讀 30 頁的書、看 9 句英語

會話、做 90 下深蹲這 3 個目標，在狀態好的日子裡，3
件事都能做好，但如果發生意料不到的事，或因身體疲
勞有一、兩天不能做，那麼即使以後想重新開始，也會
因為覺得吃力而放棄。因此，**訂定某個目標時，越是第
一次做嘗試，在開始的時候越不要勉強，最好是少量，
採用小步伐的方式，將目標量分為 3 個階段來制定計畫**
（見圖表 3-5）。

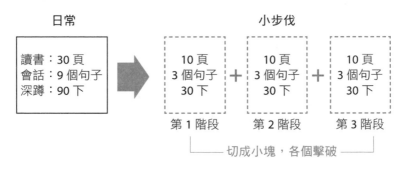

圖表 3-5　在日常生活中應用小步伐的方法

　　與其從一開始就以完成 3 階段的 30 頁為目標，不
如每天定為 10 頁，想著「今天只讀 10 頁」，實行日常
生活的第 1 階段程序，會減輕心理負擔。讀完書之後畫
一個圓圈，因為想再多看一點，而讀了 20 頁的時候，
就畫兩個圓圈，讀了 30 頁，就畫三個圓圈（見圖表

3-6、3-7、筆記本「❸ 習慣追蹤器」）。完成計畫所產生的自信心會讓你感到幸福並增強意志，即使因狀態不好而難以執行計畫、只讀 10 頁，大腦也能夠適當妥協。

第 1 階段：10 頁成功					
日常小步伐	1	2	3	4	5
讀 10 頁書	○				
3 句會話					
30 下深蹲					

第 2 階段：20 頁成功					
日常小步伐	1	2	3	4	5
讀 10 頁書	◎				
3 句會話					
30 下深蹲					

第 3 階段：30 頁成功					
日常小步伐	1	2	3	4	5
讀 10 頁書	◎				
3 句會話					
30 下深蹲					

圖表 3-6　日常目標 3 階段小步伐

習慣追蹤器

日常小步伐	1	2	3	4	5	6	7	8	9	10	11	12
讀 10 頁書	◎	◎	○		○		○		◎	○	◎	◎	○
3 句會話		○	○	◎	◎	○	◎	◎	○	◎	◎	
30 下深蹲	◎	◎	○		◎	◎	○		◎	○	○	◎

圖表 3-7　設定日常目標最小值

　　如果以這樣的方式，將目標和該做的事情用小步伐切割，一一實現，那麼成就感和自信心就會越來越大，意志力也會更加強烈。比起一次的大成功，多次的小小成功會對增強自信和意志力發揮更大的作用。如果積累這些小小的成功，它就會變成自己的毅力和力量，之後無論遇到什麼逆境都能堅持並戰勝一切。

18 先解決最不想做的事

　　無論是什麼事，其中必定會有個核心重點，那麼時間管理的核心重點是什麼呢？答案是「順序」。**決定事情的順序是時間管理中真正最重要的事，依照什麼順序來進行工作，其結果會大不相同。**

　　在 2016 年 3 月，谷歌的子公司深度思維（Google Deepmind）發起挑戰圍棋大賽，在比賽中，AlphaGo以 4 比 1 戰勝了韓國李世乭九段棋士，這一結果在全世界引起了堪稱「AlphaGo 衝擊」的風波。圍棋完全是按照順序的遊戲，時時刻刻都要按照對自己最有利的順序下棋才能取得勝利，AlphaGo 圍棋在天文數字的數（250的 150 次方）中，以最佳順序下棋，取得了勝利，代表最佳順序帶來了勝利。

　　美國「Pepsodent」企業總裁查爾斯·盧克曼（Charles Luckman）是個成功人士，中年時身無分文，但努力奮

鬥後成為了百萬富翁。當他就任社長時，人們羨慕他的成功神話，想了解他的祕訣，對他提出無數個問題。

「你成功的祕訣是你擁有出色的頭腦嗎？」

「不是的，我的學歷沒什麼了不起的。」

「那麼是繼承了財產等東西，給了你原動力嗎？」

「不，我身無分文。我之所以能夠走到今天，是因為 11 年前所下的一個決心，就是按照重要順序來處理事情。」

大多數人都會同意，處理事情真正重要的因素是順序，那麼我們應該用什麼標準來決定事情的順序呢？幾乎可以說，**確定工作順序的標準和程序取決於「是否能實踐計畫？」「能不能完成目標？」這兩點**。

從心理觀點來看，事情大致可以分為「想做的事」和「不想做的事」兩種。「想做的事」為自己帶來快樂，時間也過得很快；相反地，「不想做的事」會伴隨不少痛苦，時間過得很緩慢。「想做的事」大部分要給別人錢才能做，而「不想做的事」大部分要收別人錢才會做，那麼，這兩個當中應該從哪個開始做呢？這個決定因每個人的價值觀而異，**如果你只想享受人生，只要做你想做的事就可以了；相反地，如果你這輩子一定要**

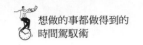
成功，那就從不想做的事做起吧。

學習一些事情時，基本功很重要，如果扎扎實實地練好基本功，雖然剛開始看起來很緩慢，但隨著時間的推移，實力也會提升。時間管理的最大核心重點和基本功就是「決定要做事情的順序」，這也是建立成功的基本功之事。

要去做不想做的事，需要意志力和努力，努力就是承受住艱苦的工作，然後忍耐著去做不想做的事，每時每刻都品嘗著自己的極限。你有見過不努力、沒有自制力卻成功的人嗎？就算有，他的成功也不會長久的。

每天只拉 10 次單槓，你拉單槓的實力就會停留在 10 次。雖然手臂抖個不停又很疲累，但只要堅持下去，每天努力多拉 1 次，那麼 90 天之後你就具備了拉 100 次單槓的能力。**我們必須超越這個過程，每天都要比昨天面對多一個艱難又不想做的事，只有不去推遲自己不想做的事，正面迎擊，才能得到鍛鍊和成長。**

快到上班時間了，K 氣喘吁吁地跑進公司，坐在自己的桌子前。他昨天加班到很晚，桌子搞得亂七八糟，讓他不知道該從什麼事開始做。他突然覺得腦袋有點發

楞，決定從眼前的事或從手上的事開始執行，他就那樣
看到什麼做什麼，當然中間插進來的事情也處理了。

混過上午，又過了午休時間，他吃完午餐回來，忽
然睏意襲來，雖然努力喚醒朦朧的意識，但已經無法集
中精神（做為參考，一天中的下午 2:00 ～ 4:00 是集中
力最差的時間）。時間一晃而過，到了下午 4:00，他開
始有點清醒了，想做點事，但已經靠近下班時間了。他
整天忙得不可開交，好像忙得要死，但真正該做的重要
的事卻沒做出來，感覺事情總是堆積如山。隨著時間的
推移，工作壓力越來越大，他甚至開始懷疑：「這份工
作是不是不適合我？」

隨著時間的流逝，業務累積成堆，表示事情處理的
順序存在問題。**工作的順序是時間管理的控制重點，把
工作順序定好，是讓工作這個毛線團不打結的方法。**

那麼我們應該按照什麼順序來做事呢？正如前面所
說，最好先處理「不想做的事情」和「想推遲的事情」
（讓人心情沉重的事情）。如果不按照這個順序處理，
只做自己想做的事，事情就會不斷堆積。此外，如果讓
不想做的事一直拖延下去，之後就會在我們意想不到的
地方出現問題，在關鍵時刻造成致命的打擊，最後，推

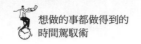
遲的事情和其他工作交織在一起，像滾雪球一樣越滾
越大。

　　解決這個問題的方法是「序列 W（Weight）」，這
是確定業務處理順序非常強而有力的解決方法。在摸不
清頭緒的時候，用「序列 W」來決定順序，就可以更
有效地處理工作。在這裡，W 是心靈的重量。我們思
考某件事時想推遲的程度、想從心裡排除的程度就是
W 值，如果真的不想做這件事、想多推遲，W 值就給
9 ～ 10 分，一般的話給 5 分，簡單好做則給 0 ～ 2 分。
評分時，心靈的重量 W 值只能定為 0 ～ 10 分。

　　讓我們來具體了解序列 W 時間管理解決方法的 3
個階段。首先，在第 1 階段寫出今天要做的工作清單；
第 2 階段則是分別對要做的事情定下 W 值，自己考慮
該業務在心中感受到的重量，定出 0 ～ 10 分之間的分
數即可；在第 3 階段，首先處理 W 值大的事情，然後
完成工作後畫上紅線。

　　首先處理 W 值大的事情是有理由的，我們的能量
在一天之中的上午最高，在這個能量最高的時候，要先
處理心理壓力重、不想做的事，從下午開始再儘量去處
理比較容易的事（見圖表 3-8、筆記本「⓮序列 W 時

間管理表」）。

日期：8/15

W	待辦事項
9	製作提案書
3	寄信
5	打電話給廠商
0	和朋友定旅遊計畫

① 決定 W 值

W 是心靈上所感受到的業務重量
心理壓力非常沉重　　8 分～10 分 心理壓力中間程度　　4 分～7 分 心理壓力完全沒有　　0 分～3 分

（非常想推遲就定為 10 分，普通定為
5 分，馬上就想做的定為 0 分）

圖表 3-8　序列 W 時間管理法

　　用這種方式做事，越到下午心裡就越踏實。剛開始的第一週可能會覺得有點吃力，但如果習慣這種方法，即使處理同樣的事情，也會體驗到處理的速度加快，並隨著時間的推移，心情變得舒暢。但重要的是，第一次學東西的時候，至少要堅持 3 週以上。

　　我們總是站在選擇的十字路口，在走向目標的路途中，你站在艱難的上坡路和舒適的下坡路中間，在這一

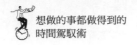
瞬間，你會選擇哪一條路？

　　一般人不會馬上選擇辛苦攀爬，而是會先選擇簡單、舒適的道路。選擇下坡路，雖然一開始很舒服，但後來卻要爬得更多。相反地，上坡路則是越到後面越輕鬆，即使剛開始很累，選擇上坡路會更快接近目標。

　　如果想成功，就應該懂得立即把想推遲的事和煩心的事結束掉，否則之後還要再努力好幾倍或幾十倍。在事情進一步擴大之前，就立即處理掉的訓練是時間管理的核心要點。「序列 W」是指引我們前進方向的里程碑，也是真正的嚮導，同時也會幫助我們進一步提升辦事能力，讓我們的生活變得更簡潔。要再次牢牢記住，時間管理的核心在於「順序」。

19 徹底執行 80％的計畫

　　計畫是由工作和休息所組成，只有適當且均衡地協調好工作和休息，計畫才能順利進行，效率也會提高。**為了消化許多行程，我們要在適當的時機稍作休息。根據把休息放在哪個位置，目標的達成和效率也會有很大的不同。**

　　那麼，在制定計畫時，以什麼單位來制定休息時間比較好呢？雖然每個人的情況可能不同，但最好以週為單位來制定計畫和休息，以週為單位來分配該做的事情和制定計畫有許多優點，讓我們先來了解 3 種制定有效一週計畫的方法吧。

1. 設定「段落節點」

　　一週的開始因國家而異，美國從週日開始，英國和

中國從週一開始，伊斯蘭國家則是從週六開始。國際標準化組織（ISO）規定週一是一週的開始，因此制定一週計畫時，我建議從週一開始。週一到週六努力工作，週日則好好休息，比起休息完再工作，工作完之後再休息會更有效率，因此一週定為週一到週日。

舉例來說，假設 K 決定一年讀 50 本書，則一個月讀 4 ～ 5 本書即可；如果以一週為單位進行計畫，那麼一週看一本書即可。如果這週要讀的書分量是 300 頁，一般人會計畫分為 7 天，每天讀 43 頁，但如果當週有約會，那天就讀不了書，而這些事積累起來，計畫就會漸漸消化不了，一直拖延下去。隨著小計畫的失敗，接著會出現破壞大計畫的骨牌效應。避免這種骨牌效應的方法，是在制定計畫時，只分配週一到週六要做的事，週日則什麼都不做，讓自己在週日可以休息。在計畫裡把 300 頁的分量分成 6 天，每天讀 50 頁，如果週三突然有事而無法讀書，就把這個計畫挪到週日即可。

像這樣制定計畫時，制定週期最好以一週為單位，並空出週日，以便有剩餘的時間來遵守未完成的計畫。如果週一到週六都遵守了計畫並順利完成，那麼週日就是提供給一直以來努力的自己甜蜜的休息時間。只有這

樣，我們才能在下週更加熱情地完成工作。但這裡需要
注意的一點是，週日不能休息或玩到對下週的行程造成
損害和影響的程度。

2. 以「任務」為主來擬定計畫

　　人們通常以兩種觀點來制定計畫，一種是以「時
間」為中心，另一種是以「任務」為中心。大多數人在
「時間 vs. 任務」的選擇中，都以「時間」為中心來制
定計畫和安排日程，而此種形式，會使計畫隨著時間的
推移而受到很大的影響。因為我們每天的狀態都不一
樣，昨天早晨的狀態和今天早晨的狀態以及明天的狀態
都不同，而根據狀態的不同，同一時間能完成的工作量
也會不一樣。

　　另外，當我們以「時間」為中心來制定計畫，專注
度就會改變。例如，有一個學生計畫 9:00 ～ 10:00 讀
數學，10:00 ～ 11:00 讀英文，11:00 ～ 12:00 讀國文。
他在 9:00 開始讀數學，解數學題的時候看了看手錶，
還剩半個小時。堅持了半個小時之後把題目解完，但數
學的作業一結束，英文馬上等在後頭。他的大腦漸漸感

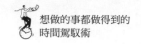
到疲倦，讀完英文之後，又馬上要讀國文，他只能撐著等待時間過去。

相反地，如果以「任務」為中心，可以制定 30 題數學、5 題英文和 10 頁國文課本的計畫。如果他在 40 分鐘內解完 30 題數學題，那麼他可以在剩下的 20 分鐘好好休息，享受了這 20 分鐘甜蜜休息的大腦，在寫英文題或讀國文時，也會盡快完成分量以便休息，想著要快點把書讀完，又可以進一步提高專注力。

因為這樣的機制，比起以「時間」為中心，以「任務」為中心來制定計畫會更好。但這並不意味著完全不要安排行程，而是將日程安排一個大致的時間就好。與其拘泥於時間，不如把焦點放在要做的事情上。

例如，原本計畫好 10:00 ～ 11:00 準備報告，但如果突然因為早上要製作社長指示的提案書，而沒能做好準備，則可以靈活地把這件事安排到下午來進行。在制定和實踐計畫的過程中，真的會有很多事情插進來，而把原來計畫的事情都推遲了，此時，如果是以時間為中心來做計畫，就會備感壓力，但如果是以任務為中心來做計畫，就可以在其他時段抽空處理。

3. 制定「80%」的計畫就好

人生常常被比喻成馬拉松，要想到達馬拉松的終點，重要的是要以自己的速度去跑，不要放棄，堅持到最後，一開始太勉強去跑，中途就會放棄。計畫也是一樣，如果一開始就太過貪心，強行制定的計畫很有可能會成為泡影。因此，**平時制定計畫時，最好制定自己能力的 80%**。如果一天能讀 50 頁的書，目標就定為 40 頁，如果書讀得很流暢，可以讀 50 頁以上。但是有時會有某些部分看不懂，這時會比想像中需要更多的時間。為了應付這種情況，我們必須制定 80%的計畫。

如果能夠背誦 10 句英語會話，就只計畫背 8 句，如果可以打 100 個壁球，就計畫打 80 個，而且要堅持下去。**不需要多做，持續去做才是最重要的，要每天堅持去做。先安排沒有壓力的分量比較好**，之後再逐漸增加。如果急於盡快成功，反而會做不好事情，導致計畫的失敗。而且，當計畫和日程過於緊湊，每次看到計畫就會備感壓力，心情也會變得沉重。相反地，如果計畫完成 80%左右，就會認為「還可以」，則能以愉快的心情持續執行計畫。

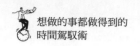
　　但這並不代表任何情況都只計畫80％，在緊急而重要的瞬間，應該計畫120％，並傾注應拿出來的能量。為了關鍵時刻投入120％的能量，平時就要堅持實踐80％左右的計畫，培養自己的毅力、耐力和執行力。

　　當生活中的關鍵時刻降臨，為了讓機會變成自己的東西，平時就要建立好基礎，培養足夠承擔機會的實力。只有現在跑得快或跑在別人前方，絕對不是好事；儘管現在看起來有點慢也沒關係，因為最重要的是，你能否在最後關鍵的一刻抵達自己想要的終點。

20 尋找大型時間箱

　　這裡有 24 個小時的時間箱，有一天，3 隻下金蛋的鵝躲進了箱子裡，你認為這 3 隻鵝躲進了「am 4 ～ 6」、「am 9 ～ 11」、「pm 4 ～ 6」、「pm 9 ～ 11」中的哪一個呢？

　　如果我們是機器，那麼每天 24 小時對我們來說都是一樣的；但我們是人類，根據身體能量的變化，時間的力量和價值也會有所不同。現在我們生活在大量使用頭腦的知識經濟體系中，比任何時候都需要有創意的想法，因此，為了把事情做得更有創意，我們需要有段清醒的時間。

　　時間管理就是把「時間」這個食材煮好，做成自己喜歡的食物（目標）。在這裡，時間這個食材的新鮮度很重要，用新鮮的食材做料理，食物的味道會達到中等以上。同樣地，在實現目標時使用什麼時間，實現目

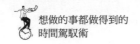
標的機率和所需的時間長度也會不同。我們為了實現目標，要使用新鮮、充滿能量的時間，還是使用枯萎、沒有能量的時間，結果會截然不同。例如，若用箱子來表現時間，那麼時間箱的大小並不相同，而且都不一樣。因此，根據時間箱的大小，可以盛裝的分量也會不同，大型時間箱比普通時間箱寬闊 2 倍～ 3 倍左右，所以能裝更多的東西（見圖表 3-9）。

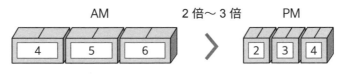

圖表 3-9　時間箱的大小

　　只要找到 3 個大型時間箱，集中精力，就能處理一般 6 個～ 9 個時間箱所能做到的事。從某種意義上來說，這也可以說是時間的魔力，在度過同樣的一天時，那些可以消化和處理更多事情的人，他們都在尋找屬於自己的大型時間箱，盡量減少周圍的干擾，讓時間過得更加緊湊有效率。

　　那麼，鵝現在躲進了哪個時間箱呢？正確答案是「每隻鵝都不一樣」。根據成長的環境和生活方式不

同，有的鵝可能已經進入了 am 4 ～ am 6 的箱子，也有可能是在 am 5 ～ 7 的箱子，或 pm 11 ～ 1 的箱子，因此，我們應該調查並分析個人的 24 小時，尋找自己能夠集中精神的時間。

一般來說，am 4 ～ 6 是最大的箱子，如果原本早上 7:00 起床的人改成 6:00 起床，他的一天會從 24 個小時增加到 26 個小時，5:00 起床的話就有 28 個小時。當然，提早起床並不是一件容易的事情，但是努力所帶來的補償和價值是無法言喻的。如果在 21 天內，每天提早 3 分鐘的起床時間，21 天後起床時間將比平常提前 1 個小時，而託這 1 個小時的福，我們的一天可以悠閒而充實地開始。

買蔬菜或水果時，如果沒有挑選的眼光，就會覺得它們看起來都差不多，但是如果擁有能夠看清它們的眼睛，就能分辨蔬菜和水果的狀態如何。同樣地，如果我們仔細去看自己的 24 小時，就會找到新鮮、健康的大型時間箱，好好利用這個時間，我們就能處理比想像中更多的事，度過充滿成就感的一天。找到下金蛋的鵝所躲進的時間箱，我們也會成為時間富翁。

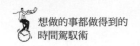

21 肯定與否定的適當平衡

我們在開始某件事時，常會充滿幹勁地制定計畫。

我們會認為自己能有條不紊地執行計畫，充滿了能在時限內實現一切的意志和自信，但實際上，執行計畫時會有很多問題和障礙物在前方等待著我們。

為什麼只有我沒有按計畫進行呢？從英國心理學教授理查德·懷斯曼（Richard Wiseman）的研究中，我們可以找到答案。英國赫特福德郡大學（University of Hertfordshire）的懷斯曼教授召集了 3,000 名英國市民，用一年的時間研究了想法和行動的關係。參與者在新年年初時被詢問：「你有能達成新年計畫的決心嗎？」52％的參與者回答「有決心、能達成」，但最後實際成功者大約只有 350 人，占全體人數的 12％。

為什麼成功率會這麼低？這可以從「侯世達定律」（Hofstadter's law）中找出原因。道格拉斯·理查·郝

夫斯台特（Douglas Richard Hofstadter，中文名為侯世達）是獲得普利茲獎的美國認知科學家，「侯世達定律」簡單來說就是「完成某件事需要比預想的時間更長」的現象。

1994 年，加拿大西門菲莎大學（Simon Fraser University）的心理學家羅傑·布爾勒（Roger Buehler）透過提交論文的實驗，證明了侯世達定律。羅傑·布爾勒教授讓心理學系的學生預測結束畢業論文需要多長的時間，第一種情況是最佳的情況，第二種情況是樂觀的情況，第三種情況是非常不好的情況，即悲觀的情況（例如：腿受傷、父母去世等，條件最惡劣的時候）。

統計學生們的回答後得出，第一種情況是 27.4 天，第二種是 33.9 天，第三種是 48.6 天。但之後學生實際提交論文的日期平均為 55.5 天，比最佳情況多花了 28.1 天，也比樂觀情況多花 21.6 天。該實驗令人驚訝的是，這個天數甚至比非常悲觀的時候還要多花了 6.9 天。無論哪種情況，實際花費的時間都比計畫裡的還要多。

對於這種現象，心理學家兼行動經濟學家丹尼爾·康納曼（Daniel Kahneman）和阿摩司·特沃斯

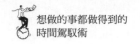
基（Amos Tversky）給出了「計畫謬誤」（planning
fallacy）這個名詞。他們說：「計畫謬誤是從制定計畫
的時候就開始的。」「計畫謬誤」是指對今後可能發生
的事過於樂觀預測，因而出現實際花費更多費用和努力
的錯誤。著名的計畫謬誤例子，莫過於澳大利亞雪梨歌
劇院了。

　　與蔚藍大海相襯的雪梨歌劇院是在 1956 年的國際
徵選活動中公開招募設計圖，最後由丹麥新銳建築家約
恩・烏松（Jørn Utzon）獲得第一名，負責設計雪梨歌
劇院。1958 年 3 月公開設計草案後，隔年 3 月舉行了
開工儀式。

　　當時為了盡速完工，他們決定飛快地進行 3 階段
工程，第 1 階段為打底及基礎工程，第 2 階段為製造扇
貝形的屋頂結構和貼瓷磚工程，第 3 階段為牆體和內部
工程。但在設計和施工並行的過程中，出現了很多失誤
和執行錯誤。最後，完工時間比原來計畫的 1963 年還
要長，初期預算的 700 萬澳元（約新台幣 1 億 4,700 萬
元）根本無法實現。歌劇院竣工後，澳大利亞政府在
1974 年正式發表結案報告書，表示該工程的總費用為 1
億 200 萬澳元（約新台幣 21 億 4,200 萬元），費用是當

初預算的 14.5 倍，施工時間也比原計畫增加了 10 年。

　　那麼，有沒有辦法抓出這種計畫謬誤呢？美國紐約
大學教授嘉貝麗‧厄丁頓（Gabriele Oettingen）提出了
「理想實現理論」，也就是消除計畫中的錯誤，取得自
己想要的結果。厄丁頓教授以 9 個主題（戒菸、戒酒、
運動、考證照等）將想要挑戰的人分為 3 組來進行實
驗，A 組對遙遠的未來和最近的未來都抱持肯定態度；
B 組則是對遙遠的未來和最近的未來都抱持否定態度；
C 組是對遙遠的未來抱持肯定態度，但對最近的未來則
抱持否定態度。

厄丁頓理想實現理論

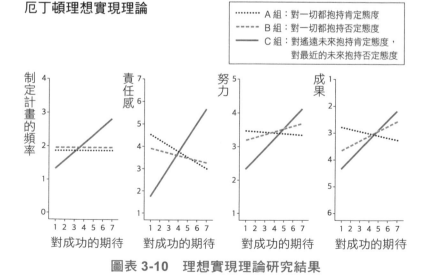

圖表 3-10　理想實現理論研究結果

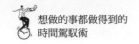
　　你認為哪個小組的成功率比較高呢？大多數人會認
為是 A 組，但事實與我們預料的不同，C 組的成功率才
是最高的。**與其認為「一定會好起來」，不如認為「以
後會好起來，但現在不努力可能不行」，這樣才能擺脫
計畫謬誤，提高成功的機率。**這裡的特別之處是，B 組
在所有方面都比 A 組高（見圖表 3-10）。當然這個實
驗的結果，並不意味著積極的想法不好，只是為了提醒
人們，如果過於沉醉在積極的想法中，可能不會成功。

　　我們應該時時抱持積極的想法，並認真督促自己，
如果不能完成現在正在做的事，就無法實現自己想要的
目標。從不同的角度來說，以消極的想法來喚醒我們也
是必要的。肯定和否定的適切平衡，將使我們擺脫計畫
謬誤，邁向成功。

「凡事總是比我們預計的要花費更久的時間，甚至預先
考量了侯世達定律才制定的計畫也是一樣。」

── 侯世達

第 4 章

排除萬難，
確切「執行」

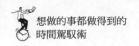

22 利用計時器增加專注的時間

　　我們為了在充斥各種訊息的世界裡生存下去，很容易被「多工處理」（multitasking，同時做好幾件事）所誘惑，認為這樣才是有效率。但在認知心理學中，已經對人類多工處理進行了數十年的研究，得出了人類不能多工處理的結論。也就是說，**人們的大腦只能快速切換工作，但不能同時做兩件事**。這表示，我們的大腦一次只能做一件事。

　　一邊看電影一邊吃爆米花和專心吃爆米花，哪種情況會吃更多的爆米花呢？一邊看有趣的電影或電視劇，一邊吃爆米花，很容易吃下平時吃不下的量。

　　我們一個人吃飯的時候，時常是邊滑手機邊吃，吃完後覺得還是有點空虛，就會一直到處找還有什麼能吃的。其實我們只要專注於吃東西，大腦就能充分感受到食物的味道，並且如果吃到一定的程度，大腦就會自己

檢查分量，發出肚子飽了的信號。但是，如果看著自己喜歡的影片吃飯，大腦就無法一次處理兩種問題，而會選擇更專注在影片上。由於無法正確辨認食物的味道和分量，因此吃完之後明明飽了，還是會感覺有點空虛。

我們會陷入自己一次將兩件事都做得很好的錯覺，但實際上兩件事都沒做好。**雖然我們的大腦一次只能處理一件事，但從結構上來看，我們其實很難只專注於一件事情上，很多想法都會插進來妨礙我們的專注。**擔心和恐懼會導致我們產生許多想法，這些想法都與生存有關。我們的大腦時常會檢查周圍是否存在危險物質，並迅速應對，預先防止威脅生存的東西出現，因此，我們常會擔心瑣碎的事情，整天被無數想法所困擾著。

要我們集中注意力只想一件事並不容易，因為我們專注的時間並沒有想像中那麼長。美國加州大學的格洛麗亞‧馬克（Gloria Mark）博士用計時器檢查並分析頂尖企業的員工和工程師的工作狀態，研究結果顯示，不間斷地集中精力工作的時間平均只有 11 分鐘而已。我們必須增加這短暫的專注時間，以便在規定的時間內處理許多事情，與其一次大幅增加，不如根據每個人各自不同的專注力來慢慢增加。

　　如果難以專注，剛開始就先練習專注 15 分鐘。雖然很多人認為 15 分鐘是很短的時間，但事實上，沒有多少人能在 15 分鐘內完全集中精神，沒有出現過任何一次雜念。在讀書或做簡單的工作時，先將計時器調成 15 分鐘再開始，如果這 15 分鐘內沒有出現雜念，能夠好好集中精神，那麼再把專注時間延長到 25 分鐘，若一切順利，就再延長至 50 分鐘，一開始先設定短一點的時間，之後再慢慢增加。

　　如果總是出現雜念和擔憂，那我們就應該先讓大腦安心，告訴自己這 15 分鐘內什麼事都不會發生，就算有什麼問題，如果確定在 15 分鐘內能夠解決，那就馬上把它處理掉；如果不能馬上想出解決辦法，就告訴大腦 15 分鐘後再來考慮這個問題。

　　我們最好使用計時器來做專注訓練「OTOD」（One Time One Do，一次一件事）。計時器是利用「截止時間效果」來幫助我們專注。「**截止時間效果」是指在做作業、參加測驗、執行工作項目等任何事情時，如果做了時間限制，越接近截止時間，工作效率就會越呈幾何級數上升。利用計時器反覆去做「專注 15 分鐘，休息 5 分鐘」的訓練，你的專注力就會越來**

好，當你感覺時間過得很快、變得比想像中還短，就代表專注力提升了。

這裡還有一條很重要的規矩不能忘記，那就是在進行訓練的時候，一定要遵守 5 分鐘的休息時間。你可以在 5 分鐘內暫時離開座位，或呆呆地望著窗外，短暫放下工作，讓大腦好好休息。**在規定的休息時間內，不能逛網頁、玩遊戲、看社群軟體等，因為這些都不是休息，而是重新使用大腦。**

我們要舒緩一下為專注而辛苦的大腦，讓大腦什麼都不做、好好放鬆，一定要在規定的休息時間內休息。此外，專注 2 ～ 3 小時後，休息時間要更拉長一些。我們一定要遵守時間，這 5 分鐘是大腦的休息時間，透過這些重要的休息時間，大腦才能夠更加活躍地專注，投入下一個 15 分鐘。

23 馴服思想、感情與意志

有一天晚上，外面傳來敲打大門的聲音。

「請問哪位？」

「請幫幫我們……」

門外站著 3 個人，其中一個看起來非常冷靜，額頭發著光，另一個看起來像懷抱著太陽一樣溫柔和善，最後一個人則是有著鋼鐵般的雙腿，他們 3 位都是盲人。

我驚訝地詢問：「發生什麼事了？」

「我們迷路了，四處敲門，可是都被拒絕，如果你願意接納我們，我們 3 個人會為你努力工作。」

因為房間正好空著，所以我決定接納他們，我對他們說：「我和猴子一起生活，如果你們不介意，可以進來過夜。」他們連聲道謝，然後進了家門。他們看起來像是好幾天沒有好好吃飯，所以我幫他們準備了熱騰騰的飯菜和喝的東西。準備完餐點後，我就去睡了。

　　我起床時，聽到沙沙作響的聲音，我走到客廳一看，嚇了一跳，客廳的地板、沙發、書櫃和洗碗槽等整個屋子都閃閃發光。他們一大早就為我打掃了整個房屋，而且還做了好吃的早餐。我們聚在一起邊吃早餐邊聊天。

　　第一個人名叫「T」，額頭上會發光是因為他的思想非常深遠、明晰，眉心輪（Ajna Chakra）*附近閃閃發光；第二個人名叫「E」，他溫暖又感情豐富，看起來非常有人情味；第三個人名叫「W」，他的腿看起來像鋼鐵一樣結實，並且充滿自信，是個只要下定決心，什麼事都能做到的人。他們說這裡實在太棒了，想要和我一起生活，並拜託我說：「我們什麼都可以做，能不能讓我們繼續待在這裡？」

　　我就這樣意外地得到了 3 個僕人。雖然我從那天起還是像平常一樣生活，但託他們的福，周遭的事物都整理得乾淨俐落，而且好像越來越整潔。

　　我如此安安穩穩地生活，直到某一天，我結束公司工作回到家時，看到原本乾乾淨淨的房子變得一團糟，

---

* 位於眼睛和眼睛中間近眉間的位置，俗稱第三眼。

我嚇了一大跳。後來我才知道，是和我一起生活「瞬間滿足的猴子」（instant gratification monkey）模仿我的聲音，對 3 個僕人開玩笑。因為他們是盲人，所以自然而然以為猴子就是我。那 3 個僕人被猴子騙倒，讓家裡變得一塌糊塗，他們沒做任何事，玩累了就躺下睡覺。

我再也忍受不了，因此教了這 3 個僕人區分我和猴子的方法，我告訴他們，猴子非常喜歡「瞬間的滿足」，而我則是喜歡「未來的滿足（延遲滿足）」。雖然剛開始訓練他們很累，但我並沒有放棄，堅持訓練到底，現在 3 個僕人已經可以區分我和猴子，並把家裡收拾得非常整潔。

如果想要好好管理時間，得到理想的結果，我們就要明確引導住在我們身體裡的 3 個僕人。

第一個僕人 T 是「思考」。最好訓練自己養成習慣，始終做出開朗、積極、又具有建設性的思考。雖然我們希望自己的想法從一開始就是正向的，但難免還是會有點負面，理由是以負面的方式來思考和看待事情，是生存的必要條件。

從原始時代的生活來看，就能很容易理解。只要

聽到草叢裡有什麼動靜，就要用懷疑的眼光注視周遭，對周圍不斷警戒，這樣才能長久生存下去。然而，我們現在已經不是生活在草原或田野裡了，過度的負面想法會像鐵鏽般啃噬自己，這些負面的想法也會挫敗我們的意志，把我們關在一個什麼事也做不了且力不從心的狀態。

因此，如果產生負面的念頭，就要在一開始盡快消除，而消除的方法就是「打斷想法」。雖然一直專注於理想的目標很好，但有時會瞬間產生負面的想法，這時，我們要盡快把負面的想法打斷，扔到遠處。只要轉換念頭，心情就會變好。透過打斷想法，盡快消除負面的想法，並讓自己用積極的思維來訊速應對。

第二個僕人 E 是「感情」，感情比想像中更有力量，如果思想和感情發生衝突，通常感情會獲得勝利。例如，在結交異性朋友時，雖然告訴自己不能選擇這個人，但還是控制不住內心，總是會被對方吸引。這時感情會戰勝理性，因此交往的機率很高。購物的時候也是一樣，在百貨公司裡看到了自己喜歡的紅色包包，腦子裡想著：「這個月已經支出太多了，不能買那個紅色包包……但是感覺和上次買的皮鞋很搭，不然把別的支出

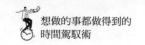

省下來，這次就先買包包吧。」

如果喜歡上了，之後就會無法控制地被這種感情所吸引，因此在沉迷於心之前，要讓「思考」清醒才能抵抗誘惑。當內心出現誘惑（例如就這一次吧，就吃一口吧，一點點就好），就要告訴自己：「是啊，真的很想這麼做，但這次好像有點勉強，忍耐一下，下次再做吧。」引起心裡的共鳴，就能稍微避開這個情況，相反地，如果沒能讓心裡產生共鳴，感情就會超越理性，像是平凡人變身為浩克一樣，只按照自己的想法去做。因此，一定要理解並撫慰這份情緒，最好避開感情上的正面交鋒，繞道而行。

最後的僕人 W 是「意志」，意志為我們提供了做某事時的毅力和耐力，這個意志靠小小的成功和成就感維持，如果事情一件件完成，意志就會越來越大；相反地，如果完成不了，或者中途放棄，那麼意志就會越來越弱，變得越來越微小。因此，當你打算做某件事，或決定和自己立下某種約定時，都要非常慎重。定下了自己想要達成的目標後，就一定要努力實現，因為如果反覆發生中途放棄的情況，或是到最後都沒能實現目標，那麼意志就會漸漸失去力量且變得微小，讓自己什麼事

情都做不了。當陷入「我什麼都做不了」的深淵時，就無法輕易擺脫了。

計畫一件事時，必須以足以完成那項工作的能力和條件來做計畫，例如，計畫讀書時，即使自己的條件是每天可以讀 30 頁左右，我們也最好將計畫定為 10 頁，然後有時間的話，再制定讀剩下那 20 頁的計畫就可以了。

乍看之下，這和一次讀 30 頁的計畫是一樣的，但從意志的角度來看卻大不相同。如果每天都能讀到 30 頁，那這兩者似乎沒有什麼差異，但若讀不到 30 頁，就會顯現很大的不同。意志會透過遵守與自己的約定而變得強大，因此我們要從自己能夠遵守的最低目標值開始訂定計畫，這個方法對於防止自己失去意志、能夠實現目標有著舉足輕重的作用。

如上所述，若我們能像這樣好好地理解內在的 3 位僕人 —— 思考（T）、感情（E）、意志（W），並能夠及時根據不同的情況引導它們，那我們就不會陷入誘惑，也更容易實現自己理想的目標。

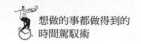

24 學會對事情說「不」

在無限的競爭之中，只有那些有價值的東西能存活下來的戰役開始了，沒有價值的東西會迅速消失，只留有價值的東西獨受喜愛。鑽石和糖果，哪一個對你來說更有價值？每個人對事物認定的價值不同，而東西的價值則由選擇那個東西的人來決定。

想一想，你的價值由誰來決定呢？讓全世界或周遭的人來決定你的價值，無疑是把刀柄交給別人，而你立於刀尖。你的價值應該由你自己決定，而不是任何人。

周圍總是有那種一定會答應他人請求的人。當然，幫助他人是一件好事，也是一件美麗的事，但是因為多管閒事、比起自己的事，每次都更注重他人的事，或無法拒絕他人的請求，那就不一樣了。「善良」和「好欺負」是不同的，例如：和家人一起坐飛機去歐洲旅遊時，由於飛機機體異常，需要緊急降落，這時警鈴響

起，氧氣罩掉下來了，那要先給坐在旁邊的孩子戴嗎？還是自己先戴呢？答案我們都知道，要自己先戴好，再幫孩子戴上，要先確保自己的安全之後再來幫助別人，如果先幫助別人，可能兩人都會陷入危險。

想要實現自己的目標也是如此，**我們在實現自己的目標之前，都要成為利己主義者，即使旁邊一直插進來很多事情，讓人暈頭轉向，我們也要適當地拒絕，集中精神去完成自己的目標。**為了在插進來的雜事叢林中生存下去，我們必須清除和整理前方道路的障礙物，只有這樣，我們才能實現自己的理想目標。

史蒂夫・賈伯斯（Steven Jobs）說：「所謂的專注，就是說『不』。」實際上，他在 1997 年重返蘋果公司（Apple）的兩年裡，將蘋果公司生產的產品種類從 350 個大幅減少到 10 個，他對 340 種產品說了「不」，也留下了「革新是從 1,000 次的『不』開始」的名言。史蒂夫・賈伯斯想要獲得與眾不同的成果，也知道要想得到這樣的成果，只有一條路而已，他很清楚，「拒絕」是集中精神的核心。

在度過一天的過程中，有無數的事情都想插進來，動搖我們的價值，這時候要打起精神「Say NO」才

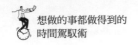

行，例如：用「現在有點困難」、「現在好像沒辦法」
等話語來努力拒絕。

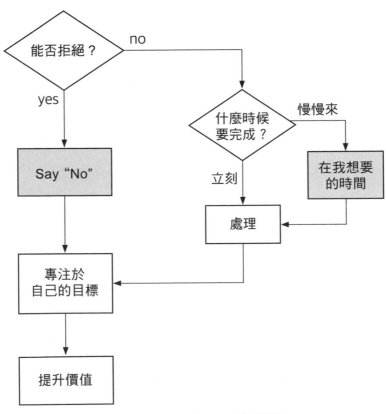

圖表 4-1　Say No! 流程圖

　　圖表 4-1 是面對中間插入事情的處理順序，只要是
可以拒絕的事，立刻拒絕就好，如果是沒辦法拒絕的事

（例如社長或上司指示的事等），就問什麼時候必須完成。若是馬上要處理的事就立刻處理，若非緊急的事，就可以自己定下方便處理的零碎時間來處理。不是隨便接受插手的事情，而是先攔住判斷。

處理的順序也與事情的流向有關。當我們正在加快速度、集中精神努力工作時，若突然被插入某件事情，會失去原本工作的節奏，那麼之後想重新回到原來的節奏，會需要一定的時間。美國加州大學的格洛麗亞・馬克教授表示：「重新回到中斷的工作中，需要花 23 分 15 秒的時間來集中注意力，而且這樣的經驗越是反覆發生，大腦就越會感受到壓力。」

在實現你的理想目標之前，你要徹底杜絕身邊插進來的雜事和閒話，就像雖然排球比賽是透過進攻來得分，但在球越過網子之前善用攔網技巧也很重要，因為僅憑攔網就能提高得分，所以我覺得這項技巧比進攻更重要。我們要防止插進來的事情干擾到自己，要集中精力實現自己想要的目標，而「攔網」就是讓自己不受周圍的人干擾、能專注於個人目標的必要技能。利用「Say NO」的攔網技巧，幫助自己更加專注於目標吧。

有人說「人生就是一部電影」，希望大家記住，電

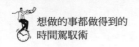
影的導演、演員、照明、音響、剪輯都是由自己而定。

每個人的價值應該由自己決定，當你意識到宇宙的中心

是自己時，你的價值就會提升了。

了解頭腦使用說明書

　　所有家電用品都有使用說明書，但是我們並不會仔細閱讀，而是先尋找需要的功能來用，在用了一段時間之後，才會在某天驚訝地說：「哇～原來還有這樣的功能啊。」我們的大腦也是如此，雖然有驚人的能力和功能，但是因為從來沒有人特別教過使用方法，所以大家都只是按照生活需要來做基本的使用而已。

　　大腦與其他身體器官相比，具有非常神祕和獨特的功能，如果了解並掌握這些功能，就能輕鬆培養我們內在驚人的能力，也讓我們能夠創造更多的價值，過上更加豐富的生活。

　　我們的大腦約有 1.5 公斤重，占身體的 2％，體積為 1.35 公升，大小為 15 公分（長）×15 公分（寬）×20 公分（深），裝在黑暗的箱子（頭蓋骨）裡。大腦雖然只占體重的 2％，卻使用了 20％肺部吸入的氧氣

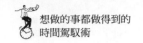
和 20％心臟輸出的血液。明明只占身體的 2％，使用的卻是身體能量的 20％，如果要用一句話來形容這個神祕又獨特的大腦，可以說「大腦是自私的笨蛋超人」，下面就讓我們來了解一下大腦的 3 個特點。

特點 1：非常自私

大腦只會為了一件事情拚命到底，那就是「生存」。大腦為了生存而自私地工作，在生存受到威脅的瞬間會變身為超人，發揮驚人的能力和力量，做出平時做不了的事情。所以，如果大腦認為事關生存，它就會投入巨大的能量。

例如，如果大腦判斷某個人想要變化，而這種變化是生存所必需的變化，那大腦就會命令身體「接受變化並執行」，但如果它認為這個變化與生存沒有太大的關係，那它就會頑強地堅持原來的方式。因此，**如果我們真的想改變，就應該理解並且說服大腦**。「這次的變化和生存有很大的關聯，如果這次不能改變，生存就會受到威脅。」若這樣說服大腦，那麼變化的可能性就會增加。在生存受到威脅時，大腦會發出緊急警報，命令所

有身體機關合作，克服此次危機。

相反地，如果不是如此，大腦就會一動也不動。遇到大腦不動的情況時，我們應該展開「木頭人作戰」。大腦中存在著類似生存拼圖之類的東西，在不是特別的情況下，如果想更換正中央的拼圖碎片，大腦就會以為是生存的巨大威脅，而強烈抵抗，所以如果想改變中心的拼圖，就很難讓大腦帶動變化。

也因為如此，若我們想要成功實現變化，首先就要改變不太顯眼的邊框上的小拼圖。因為邊緣的拼圖對生存沒有太大的影響，所以比其他拼圖更容易改變。如果努力從不觸動大腦生存本能的小事做起，成功的機率就會提高。

例如，原本固定早上 7:00 起床的人突然在早上 5:00 起床，那麼大腦會繃緊神經，認真地觀察 3 天，若 3 天內沒有發生特別的事情，那麼代表目前的情況不會對生存構成威脅，3 天後大腦就會判斷這件事與生存無關，重新以原來的生活方式將身體全部恢復。

這時，需要的就是「木頭人作戰」。「木頭人作戰」是為了不讓大腦的認知發生變化，而利用一點一點地移動來成功達成變化。「一點一點地移動」是核心，

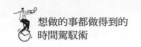
「木頭人作戰」是在「一二三木頭人」的遊戲中，把捉家當成大腦，聰明地嘗試變化並取得成功的作戰方式。

當我們想要早點起床的時候，如果因為貪心，一次就從早上 7:00 調整到早上 5:00 起床，這種差距較大的計畫，會立刻被大腦的生存系統感應器發現。為了在與大腦的遊戲中獲勝，最好將變化的步伐最小化，分成短時間來進行嘗試。如果通常是早上 7:00 起床，第一天就改成是 6:59 起床，第二天則是 6:58……透過這種方式，不讓大腦察覺到改變，一點一滴地設定變化的間隔，那麼大腦就會對小小的改變不以為然，不會有太大的反應。

背誦英語會話句也是一樣，如果目標是每天背 20 句，那麼與其讓計畫像圖表 4-2 的 (A) 一樣，從一開始就背誦 20 句，不如像圖表 4-2 的 (B) 一樣，一點一滴地分開制定計畫。如果能不讓大腦察覺到，一點一滴地增加背誦，那就能比想像中更輕鬆地背完這 20 句英語會話。

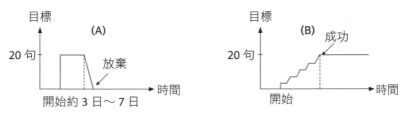

圖表 4-2　比較達成目標的方法

　　為了親身體驗自制力和毅力，讓我們來進行「起床時間訓練」。這個訓練名叫「早鳥 21 天」，簡單來說，就是在 21 天內，每天早起 3 分鐘（見圖表 4-3、筆記本「❶⑤早鳥 21 天訓練表」）。雖然看似容易，但也不容小覷，如果這個訓練成功，21 天後，你的起床時間會提前 1 小時，如果能持續取得這種小小的成功，我們也會感到欣慰和成就，這種感覺和建立的自信將成為下次成功的基礎，因此，我希望大家能夠好好利用「木頭人作戰」和「頭腦拼圖」這兩種方法。

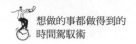

 ## 「早鳥 21 天訓練表」範例與使用方法

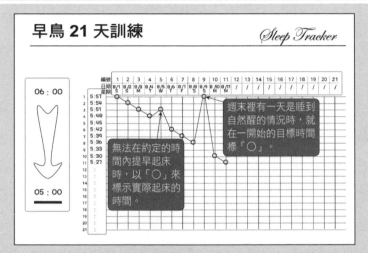

圖表 4-3　填寫說明

① 寫下平時的起床時間和最終目標的起床時間。

② 每天記下目標的起床時間（比前一天的起床時間減少 3 分鐘）。

③ 填寫日期和星期。

④ 在起床的時間標上「○」。

特點 2：不懂否定詞

大腦不能識別否定詞。讓我們透過實驗來了解一下，從現在開始按照我指示的話去念：「不要想白熊，白色的熊，不要在腦海裡浮現白熊，別去想像如白雪般潔白的熊，腦袋裡不要去想白熊，不要去想像坐在冰面上和熊寶寶玩耍的白熊。」

現在，大腦真的不會去想白熊嗎？還是原本不想的也想起來了？如果腦海中有白熊形象的人，就會想起白熊，這是美國哈佛大學社會心理學家丹尼爾·韋格納（Daniel Wegner）於 1987 年做的「韋格納白熊實驗」。丹尼爾·韋格納教授把大學生分成兩組，他指示 A 組「想白熊」，並要求 B 組「不要想白熊」。為了確認指示事項的思考頻率，受試者們每次腦海裡浮現白熊的時候，都要敲打擺在自己面前的鐘。大部分的人會推測 A 組比 B 組更常想到白熊，但真正敲鐘次數更多的其實是 B 組，B 組的受試者們因為腦袋裡總是莫名浮現白熊的樣子，因此比 A 組敲了更多下的鐘。

我們的頭腦無法接收否定詞，所以如果說「我不是傻瓜」，那麼無法識別否定詞的頭腦會認為「我是傻

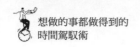
瓜」，因此我們最好用積極的字詞來說話。這讓人聯想到「我不會失敗」的失敗，以及「我不會和相愛的人分開」的分手，因為大腦都接受並執行了這些要求。

我們的想法和話語無論是肯定的種子，還是否定的種子，都一定會結出果實，肯定的話語和想法會結出肯定的果實，否定的話語和想法則會結出否定的果實。如果想要成功，就要常常使用開朗、積極的詞語。「我是遵守時間約定的人」、「我擁有在自己想要的時間內處理好事情的能力」、「我是支配時間的人，時間為我工作」等，習慣性地對自己說一些有益的話比較好，希望大家能用積極的話語來慢慢地改變自己的生活。

特點 3：無法區分想像和現實

黑暗箱子裡的大腦，在連光都沒有的黑暗之中，只帶著進入 5 種感覺之窗的訊號來認識、感受、分析和判斷這個世界。

夏日的某一天，忽然很想喝檸檬汽水，於是去超市買了 10 顆看起來很酸的黃色檸檬。到家之後，我用冷水把檸檬洗乾淨，放在砧板上切開。刀子劃下去的地方

滲出了泛著黃色的檸檬汁，我將檸檬汁榨出並倒入玻璃杯中，再加入氣泡水和冰塊一起搖一搖。喝了一杯涼爽的檸檬汽水，心情感到很舒暢。

如果是吃過檸檬或喝過檸檬汽水的人，看到或聽到前述的這段話，嘴裡就會分泌口水。即使我們眼前沒有檸檬，大腦也無法區分想像和現實，所以就以為真的有檸檬，從唾液腺裡流出了唾液。

大腦無法區分想像和實際的這種特性，在體育活動上也得到廣泛的應用，「形象訓練」就是利用這個特性來進行。美國克里夫蘭醫學中心（Cleveland Clinic）的神經科學家酈岳（音譯 Guang Yue）以實驗者為對象，進行了透過想像來培養肌肉的訓練。實驗是讓受試者將手臂或手指放在特定部位後，在心裡進行「肌肉強力收縮的想像訓練」，每次約 10 ～ 15 分鐘，一共反覆進行50 次，4 個月的訓練結果顯示，光是想像，平均肌肉就增強了約 15%。

在加拿大魁北克的主教大學（Université Bishop's）2007 年發表的論文《心勝於物：心智訓練增強體力》（*Mind over matter: Mental Training Increases Physical Strength*）中，有一項關於形象訓練的實驗。他們在大

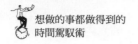
學生中篩選出 30 名足球、籃球與橄欖球選手，隨機分成 3 組，每組 10 人。A 組只進行了心理訓練（實際上不運動，而是只想像進行了特定的運動），B 組實際進行了特定的運動，C 組則什麼都沒做。經過 6 週的實驗後，C 組幾乎沒有變化，B 組增加了 28％的體力，而 A 組則增加了 24％的體力。

正如前述論文所提到，我們的大腦無法區分想像和現實，因此在開始工作之前，只要想著「我能熟練地處理好工作，我現在要做的工作是非常容易的事情」，就能比平時更容易完成工作。

為了積極產生這樣的變化，我們最好充分利用這些大腦的特徵，時常進行正向的想像或積極的話語，這樣一來，從某個瞬間開始，就會發現我們的生活與時間充滿了富饒與從容。

26 讓自己充滿能量的身體充電法

通常，手機使用過一段時間後，因為電池磨損較多，充電不會太快充飽。但是，有的朋友也是在同一時期購買手機，卻由於電池性能仍然良好，而到現在還能順利使用手機。為什麼會有這麼大的差異呢？理由是必須正確了解電池的使用方法，並按照這個方法來好好充電、管理和使用。就像使用手機時需要有「電池」一樣，我們的人生也需要有「身體」這個工具，這兩者之間其實有著某種相似的共同點。

「電池」和「身體」都會積累能量，在需要的時候使用這份能量來獲得想要的結果。但就像正在使用的電池，如果常常用到沒電，就會什麼事情都無法處理。在設定人生目標以及實行的過程中，如果身體常常用到沒電，不僅無法實現目標，甚至會連小事都難以處理。

如果時常讓電池沒電，會導致性能下降，之後再怎

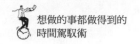
麼充電也很難達到 100％。我們的身體也和這個情況相似，如果過度使用身體或長期使用錯誤的模式，就會因疲勞累積導致性能下降。如果發生這種現象，即使睡很多，也還是會繼續陷入疲倦的狀態。因此，最好在性能變差之前提前開始管理，畢竟電池出問題時，我們還可以透過更換一個性能更好的電池來繼續使用機器，但若身體性能變差，就沒辦法改變。

那麼讓身體充滿能量的充電方法是什麼呢？

1. 養成規律的「節奏」

提起「規律的生活習慣」，就不得不讓人想起德國哲學家伊曼努爾・康德（Immanuel Kant）。他活在男性平均壽命只有 34.5 歲的 18 世紀歐洲，但是非常健康地活到了 80 歲。在那個時代，活到 80 歲幾乎等於活到現代的 170 歲。他究竟是怎麼活得這麼健康呢？

三十多年來，他總是在同一個時間起床，同一個時間入睡。康德的生活很簡單，他從凌晨 5:00 起床喝 2 杯紅茶開始，到下午 1:00 為止，進行了 8 個小時的寫作和講課，下午 1:00 ～ 4:00 和朋友們一起吃午餐，

從下午 4:00 開始獨自散步，然後讀書到晚上 10:00 為止。晚上 10:00 一到，他就準時入睡。

正如我們看到的康德的生活習慣，**為了讓身體充滿能量，每天在一定時間入睡和醒來是非常重要的**。如果睡眠時間不規律，即使在同一時間入睡，疲勞也很難緩解。我們的身體喜歡規律的節奏，有規律地改變身體的節奏，即使使用較少的能量，也能保持良好的狀態。

在許多體育活動中，也能看出養成規律節奏的效果，例如：在進行馬拉松或跳繩等運動時，如果能有節奏地移動，找到自己的規律，就會比用不規律節奏運動時更輕鬆。

呼吸也是很好的例子，不規律的呼吸容易讓人興奮、產生不安感，但有節奏的呼吸讓人變得健康、產生安全感。

現在就來做個實驗，試試看有規律地深呼吸 10 次，一邊呼吸，一邊在心裡數著數字，用鼻子吸氣，用嘴呼氣。之後再嘗試用不規則的方式呼吸，你會從中感覺到這兩者間的明顯差異。男生去當兵之後身體會變得健康，也是因為他們過著飲食和睡覺時間固定的生活，而養出了更健康的身體。

　　為了過有規律節奏的生活，首先我們要遵守起床時間和就寢時間，如果兩者中要說哪個更重要，那就是就寢時間。一天的開端不在我們通常認為的起床時間，而是在就寢時間，因為就寢時間會對第二天產生巨大影響。就像如果第一顆鈕扣沒扣好，後面的鈕扣就都會錯位一樣，若就寢時間不固定，第二天的時間就會錯位。

　　在一定的時間就寢，不是像想像中那麼容易的事。睡眠像是一種「小小的死亡」，我們雖然都知道隔天會再次重生，但在睡覺之前，總是會產生還想多做點什麼的小小欲望。

　　在一定的時間睡覺之所以這麼困難，就是因為這個小小的欲望。我們總是懷著某種遺憾的心情，在睡覺之前坐在電腦桌前毫無意義的搜尋一些東西，或者用手機確認社群軟體，我們在那一瞬間，陷入毫無意義的時間泥淖，一、兩個小時就這樣過去了，最終只是懷著無法滿足的心情，累得睡著了而已。

　　根據挪威卑爾根大學（Universitetet i Bergen）研究團隊公布的結果，與每天暴露在手機、平板電腦等電子設備上未超過 4 個小時的人相比，超過 4 小時的人躺在床上入睡需要 1 小時以上的機率高出 49%。

　　讓我們再看看另一個研究案例，英國倫敦大學的研究團隊表示，睡覺前使用社群軟體約 30 分鐘的青少年，他們的平均成績比沒有使用社群軟體的青少年成績低了 20 ％左右。美國壬色列理工學院（Rensselaer Polytechnic Institute）的瑪麗亞娜・費格羅（Mariana G. Figueiro）博士的研究結果顯示，若睡前暴露在手機光源下 2 小時，褪黑激素荷爾蒙的分泌會得到 22 ％左右的抑制，從而降低睡眠質量。

　　為了提高睡眠品質，防止無意義的時間流逝，我們有一件需要遵守的事，那就是若不是真的有急事，晚上 9:00 以後就把手機切換成飛航模式或者直接關機。若因為設了鬧鐘而不得不開機，就用布或書蓋住，別讓手機出現在視線範圍內。只要眼睛一看到手機，就會忍不住想摸，摸著摸著就會過了一、兩個小時，所以儘量不要讓手機出現在眼睛看得到的地方。就實行這個方法一週吧，你會體驗到晚餐後的生活變得比較從容，感覺找回了失去的時間。

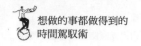
2. 把就寢時間設定在晚上 10:00 之前

雖然我們認為每天 24 小時都是一樣的時間，但每個小時其實都有不同的作用，晚上 8:00 ～ 10:00 能發揮免疫作用，晚上 10:00 ～凌晨 2:00 則具有恢復作用，所以就寢時間是左右睡眠品質的重要因素，最好早點睡覺。誘導睡眠的荷爾蒙褪黑激素是由光線調節分泌，從天黑的傍晚開始產生，誘發人們入眠，在太陽升起的凌晨則減少分泌。毋庸置疑，遵循調節生物節律的褪黑激素的指示，是最自然健康的睡眠方法，所以儘量在晚上 8:00 睡覺比較好，但如果覺得有困難，我建議最晚也要在晚上 10:00 前就寢。

如果晚上 10:00 睡覺，一天的疲勞就會消失，狀態也會馬上恢復，換句話說，身體這個電池可以藉此充滿100％的能量。如果每天午夜 12:00 睡覺，當天的疲勞就無法徹底消除，50％的疲勞會逐漸積累起來。因為只有 50％能恢復，所以工作一段時間後，能量就會很快用完，很容易感到疲勞。如果每天都是午夜 12:00 才睡，電池的充電容量就會逐漸減少。如果每天都是凌晨 2:00以後睡覺，那麼就像每天拖著放電狀態的身體過日子。

如果熬夜過生活，年輕時可能感覺不到太大的差異，但多年積累下來，身體電池的容量會明顯減少，變得不再精力充沛，總是容易疲勞，想要躺下來。舉一個簡單的例子來說，每天維持晚上 8:00 睡覺的人等於每天用山蔘來充電，晚上 10:00 睡覺的人等於用人蔘來充電，而凌晨 2:00 以後睡覺的人等於不充任何電。

俗話說「一個人的未來就在他自己的眼球中」，眼睛和肝臟相連，而有無緩解疲勞的肝臟與一個人的未來有很大的關聯，一個人的眼睛裡是健康、充滿活力的眼神，或是積勞充血、空洞無力的眼神，將與那個人的未來發展息息相關。

3. 至少要睡 7 個小時以上

適當的睡眠時間因人而異，有些人要睡 8 個小時，有些人可以只睡 6 個小時，就像人們的基因不同一樣，睡眠時間也有差異，但基本上早上起床時，如果覺得頭腦不清醒、不清爽，那就表示睡眠時間不足。

一般來說，為了維持良好的日常生活，每天最好睡 6 ～ 8 個小時左右，如果少於這個睡眠時間，就會疲勞

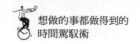
不堪，注意力會下降，運動能力也會降低。另外，有研究結果表示，睡眠時間越短，造成肥胖的危機就越大，而若是睡眠時間比適當的睡眠時間還要長，並不會因此取得更好的效果。

除非是遇到案子的截止日期或考試將近，我建議大家要維持 7 小時以上的睡眠時間。為了達到睡眠時間的目標，與其無條件地減少或增加睡眠時間，不如集中精力減少不必要的行動。

假設要睡 7 個小時，選擇在晚上 10:00 ～凌晨 5:00 或凌晨 1:00 ～早上 8:00 睡覺有很大的差異，前者將使凌晨 5:00 ～早上 7:00 出現閒暇時間，後者則是在晚上 10:00 ～ 12:00 製造出閒暇時間，凌晨的 2 個小時和夜晚的 2 個小時在生產效率上存在很大的差異。早晨容易想出具有建設性且充滿希望的想法，而夜晚則容易產生快樂的想法，其原因被視為是與太陽的氣息有關。數千年來，我們一直受到太陽的影響而生活，因此在凌晨升起的太陽的氣息下，我們有了積極而明亮的想法。

在時間管理中，睡眠管理是不可或缺的一部分，如果是不做睡眠管理的時間管理，那就無法持續太久，睡眠管理就是能引起如此重要的作用。如果能控制一定

的睡眠時間，那麼就等於已為時間管理的工作打下了基
礎。**時間管理是節制自己想做什麼就做什麼的心情，那
些明明不想做，但是對未來至關重要的事都要「現在」
去做。**其中最難管理的就是睡眠和飲食，如果能夠節制
並控制睡眠和飲食，那麼你的時間管理已經成功了一
半，只要努力克服和鍛鍊，就會迎來更加豐富的生活。

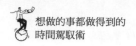

27 鍛鍊你的自制力

「自制力」是想要透過時間管理實現目標的人必備的素質，儘管很多人都認識到這一點，但卻不知道用什麼方法來提高自制力並克服誘惑。「自制力」是不立即選擇滿足感，而長期持續做出更好的選擇。簡單來說，在衝動（一瞬間的小滿足）和意志（以後的大滿足）的對決中，意志會取得勝利。這種自制力有兩大特點。

特點 1：自制力會枯竭

如果時常受到誘惑，自制力就會逐漸降低，最後陷入誘惑陷阱的機率會很高。1996 年，美國凱斯西儲大學（Case Western Reserve University）的心理學教授羅伊・鮑邁斯特（Roy F. Baumeister）進行了「自制力枯竭」現象的實驗。他將 67 名受試者集中在一起，為 A

組送上了剛烤好的巧克力餅乾，為 B 組則送上不好吃的白蘿蔔。

A 組盡情地享用了美味的巧克力餅乾，B 組則忍住巧克力餅乾的誘惑，只吃了白蘿蔔。接著，讓他們到另一個房間去解答幾何學的謎題，這個謎題沒有答案，實驗的目的是在了解放棄答題需要多長的時間。實驗結果 A 組需要 20 分鐘左右的時間才會放棄答題，B 組則在 8 分鐘內就放棄了。這是因為 B 組剛剛使用了抵擋餅乾誘惑的節制能量，所以自制力枯竭了。

還有另一個實驗，2007 年鮑邁斯特教授向兩個實驗組展示了影片，他要求 A 組「忽略影片中出現的文字」，但並沒有向 B 組提出任何要求。結果顯示，A 組的血糖數值比 B 組還要低很多，因為「請忽略文字」的咒語，使 A 組使用了「耐力」這個能量，提高了能量的耗損。

我們越是受到誘惑或身心疲憊，自制力就會越枯竭，也就是說，如果減肥是目標，就要儘量避免暴露在飲食誘惑中，這樣才可以防止自制力枯竭。

假設下班回家有兩條路，一邊是穿越美食街的捷徑，另一邊是路過幽靜公園且有點繞遠路的小徑，我們

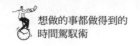
必須選擇那條稍微有點繞遠路的小徑，以防止自制力枯竭。不然，若是親眼看到美食街裡的食物，聞到食物的氣味，回家後就會因節制能量枯竭而吃更多的晚餐。

如果知道自制力有限，而且會枯竭，就最好不要去逛超市，特別是販賣會誘惑自己的物品或食品的區域。如果是容易陷入食物誘惑的人，建議在吃完飯之後再去超市，若在肚子餓時去超市，購物車裡可能會裝滿食物。另外，如果減肥是目標，那麼從一開始就不應該買餅乾或零食，因為如果買下來，就無法避免吃掉零食的情況。

特點 2：透過努力可以培養自制力

2009 年，托德·A·海爾（Todd A. Hare）和科林·卡梅拉（Colin Camerer）透過功能性磁振造影（functional Magnetic Resonance Imaging, fMRI），試驗了使用自制力來做決策時，大腦的哪個部分會活躍起來。他們請受試者做各種決定，例如：選擇要以後得到大筆金錢的補償，還是現在馬上得到小額的補償；要選擇哪一種對自己身體有益的食物等。從長期來看，在做

出更好的結果時，外側的前額皮層會有活躍的活動。

在生物學上，大腦是由固定部位掌管自制力，如果持續連接並重組，控制相當於調節衝動的外側前額葉的神經接合部位，自制力就會提高。簡單來說，自制力可以像肌肉一樣被強化，越是訓練自制力，克服誘惑、實現目標的成功可能性就越大。

你是否曾經不知不覺地被瞬間的衝動所迷惑，而陷入誘惑之中？「10 分鐘法則」（The 10 Minute Rule）是一種能擺脫瞬間衝動、提高自制力的練習。這是想衝動做什麼事的時候，不要馬上決定，等 10 分鐘後再決定的規則。

大家一定都有這樣的購物經驗，在買東西時，突然看到一件很吸引人的東西，所以就買了，但回家後卻後悔了。面對這種忽然吸引自己的東西，不要馬上衝動做決定，先繞個一圈，如果還是想買，到時候再買也不遲，重要的是要擁有和自己對話、緩和衝動的時間。瞬間受到吸引的東西，往往只要稍有時間差，衝動就會消失。在衝動的瞬間使用「10 分鐘法則」來等待，就可以擺脫立即的滿足，培養自制力，提高決策能力。

學語言或讀書時也可以使用「10 分鐘法則」。在學

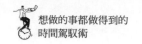
習過程中想要休息時，就是自制力枯竭的時候，這時不要馬上休息，再多堅持 10 分鐘吧。如果覺得要再堅持 10 分鐘很累，哪怕只再堅持 5 分鐘或 3 分鐘也沒關係。隨著堅持的時間拉長，自制力也會得到鍛鍊和增強。

美國康乃爾大學的研究團隊發表了「眼睛遠了，心就遠了」的研究結果，這也是一種提高自制力的方法。他們發給每位受試者裝有巧克力的玻璃瓶，並設定 4 種情境，測試在不同情境中，受試者一天吃了幾個巧克力。

將裝有巧克力的透明玻璃瓶放在桌子上的人，平均每天吃 7.7 個；放在 180 公分遠的地方的人，平均每天吃 5.6 個；把裝有巧克力的不透明玻璃瓶放在桌子上的人，平均每天吃 4.6 個；放在 180 公分遠的地方的人，則平均吃了 3.1 個。實驗證明，如果肉眼可見，就會見物生心，也就是會產生更多想吃東西的欲望。

如果在充滿誘惑的環境裡工作，請把所有可能誘惑你的東西都清理到看不見的地方，只要把桌面清理乾淨，就能幫助自己整理好心情，整理好心情，就能更加發揮自制力。

自制力是實現目標的必需品，因此要掌握並分析自己容易受到怎樣的誘惑，讓自己儘量減少暴露在誘惑

之中，防止自制力枯竭，並集中能量實現自己想要的目標。當你戰勝誘惑，鍛鍊自己，你就會成長。

28 馴服「瞬間滿足的猴子」

　　某家企業的 K 代理將在 3 個月後參加科長晉升考試，為了升職，他在剩下的時間裡制定了計畫。但在得過且過的態度下，一個月一晃眼就過了，因此他根據剩下的 2 個月修改了計畫。

　　因為忙於工作，沒能念書準備考試，現在已經只剩下 1 個月了。K 想著「這個月真的要努力讀書」，並重新制定了計畫，打起精神來。

　　現在只剩下一週了，他又修改了計畫，最後只熬夜兩天念書。升職考試的結果可想而知，於是他下定決心下次要提前做好準備，也藉此安慰自己。但下次考試，類似的事情又反覆出現。

　　不僅是考試，在提交作業或工作等方面也時常發生這種情況，這樣的法則叫做「帕金森定律」（Parkinson's law）。「帕金森定律」是指，無論給予

的期限是否寬裕，所有的事情都會做到最後期限的那一天為止。

例如，學期初就說要用報告來代替期末考試，但學生們通常整個學期只會進行構想，直到繳交截止日期的前 3 天才開始寫報告，最後好不容易在當天上午 7:00 寫完交出去。

另一個例子是，下週一上午 9:00 要在高級主管會議上發表報告，週一到週五的時候工作沒有特別多，但報告卻寫不出來，接著週六和朋友們一起去登山，週日才到空蕩蕩的辦公室正式製作發表的資料。

為什麼會發生這樣的事呢？答案可以從由三層組成的大腦結構中找到。首先，位於第一層的腦幹被稱為「爬蟲類的大腦」，它負責維持體溫和脈搏、保持吃飯和睡覺等生命機能。位於第二層的邊緣系統則被稱為「哺乳類的大腦」，它負責掌管感情、記憶、性慾和食慾，邊緣系統的扁桃體是負責人類多種感情（喜怒哀樂）的領域。位於第三層的額葉則被稱為「靈長類的大腦」，它能夠分辨是非，調節感情，制定未來的計畫，發揮控制力。

簡單來說，大腦由三層巴士所組成，第一層住著

爬蟲類，第二層住著猴子（猴子的名字叫「瞬間滿足的猴子」，只做瞬間有趣的事和簡單的事），第三層則住著人（馴獸師），公車的方向盤在第三層。住在第二層的「瞬間滿足的猴子」在馴獸師分心或短暫睡覺的期間時常來到第三層，並隨心所欲地駕駛巴士（見圖表4-4）。

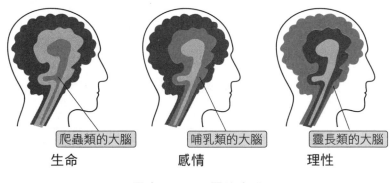

爬蟲類的大腦　　　哺乳類的大腦　　　靈長類的大腦

生命　　　　　　感情　　　　　　理性

圖表 4-4　分層的大腦

讓我們來看看準備升職考試的 K，在他的大腦中發生了什麼事吧。

鬧鐘響了，距離考試還有一個月，在第三層開巴士的猴子迅速關掉鬧鐘，對馴獸師說：「繼續睡也沒關係，再休息一會兒吧。」馴獸師說：「好吧，應該沒事吧。」後來鬧鐘又響了，離考試還有一週，猴子又迅速

地關掉了鬧鐘，馴獸師又睡著了。直到截止時間臨近，整個巴士才響起警報，馴獸師這才清醒過來，但是當他睜開眼睛一看，巴士已經來到了遊樂園。

馴獸師匆忙握緊方向盤，轉向目的地，努力開了好幾個小時的車。雖然睏意襲來，但馴獸師不敢打盹，腦子裡想著：「要是再多一天該多好啊？不，再多半天就好了。」馴獸師為了挽回已經太遲的時間而超速了，儀表盤上亮起紅色警告燈，巴士後面雖然冒起煙來，但為了盡快到達目的地，他將巴士逼到了極限。接著，由於強行駕駛，巴士的輪胎爆胎，最後未能在結束的時間內到達。馴獸師告訴自己，下次絕對不要這樣。但等到下次……又在截止前 3 天響起了警報。

為了抵達目的地，我們必須時時保持清醒，也就是說，不能讓住在第二層的猴子爬上第三層，但是這並不容易，因為如果一直按住猴子做要做的事情，最終猴子就會爆發，變成金剛。我們絕對贏不過變成金剛的猴子，因此，與其與猴子對抗，不如一邊安慰猴子一邊駕駛巴士，以免最後要面對金剛。為此，我們必須準確了解腦內那些瞬間滿足的猴子何時會變成金剛、要如何安撫牠們等。只有這樣才能按照自己的意願駕駛巴士。

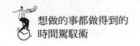
瞬間滿足的猴子爬上第三層時，將牠們送回第二層的方法有兩種。

1. 給予補償

她對猴子說：「上午好好忍耐，盡快完成提案書，吃完午餐之後給你好吃的甜點，整理好 30 分鐘的資料後讓你喝香蕉牛奶。」這時需要注意的是，如果補償比工作大，猴子可能會吵鬧著要求更多，所以應該給予適當的補償即可，但因為每個人頭腦裡的瞬間滿足的猴子都不一樣，所以只要給予符合自己瞬間滿足的猴子之補償就可以了。

2. 發布警報

第三層的警報一響，猴子就會害怕，跑到第二層之後就不會再上去。要讓猴子知道，如果像現在這樣做，以後可能會面臨更大的危險，並提前鳴響警報。利用「帕金森法則」，細化截止時間後，經常發出警報，可以減少瞬間滿足的猴子爬上第三層的次數。

　　我們可以將每天 8 小時細分為 16 個時間箱，一個箱子以 30 分鐘為單位，每做 25 分鐘休息 5 分鐘，可以提前防止瞬間滿足的猴子突然跳出來。在這 16 個時間箱裡，裝滿今天要做的事情後再開始運作即可（見筆記本「❶每天的 16 個時間箱」），這樣過完一天，專注度會逐漸提高，就能做很多事了。

　　「知己知彼，百戰百勝」，如果分析猴子容易在什麼時候出現並好好應對，就能更有效地實現自己想要完成的事。如圖表 4-5 所示，好好活用「控制欲望猴子紀錄表」即可，如果仔細分析猴子何時出現，就會發現類似的模式（見筆記本「❶控制欲望猴子紀錄表」）。

「控制欲望猴子紀錄表」範例

控制欲望猴子紀錄表

| 1 時間：2020.12.22（二）pm 9:40
地點：家裡
事物：炸雞
緣由：看 Netflix 的時候出現吃炸雞的　　　場面，猴子說想吃 | 補償 ● 警告
告訴猴子現在正在減肥，只要忍耐幾天就好，給猴子冰箱裡的一根小香腸 | 2 時間：2020.12.28（一）pm 11:40
地點：學校圖書館裡
事物：要去玩遊戲
緣由：系上同學錫宇跑到圖書館來找　　　我，邀請我一起去玩遊戲 | 補償 ● 警告
告訴猴子要是這次寒假的多益分數沒提高，會被同學嘲笑，還會很難找工作 |

圖表 4-5　填寫範例

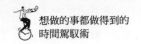
　　我們要能夠理解瞬間滿足的猴子，並馴服牠們24
小時和我們待在一起，成為牠們永遠的同伴，並引導自
己朝著我們想要的方向前進。這世上將會有個比遊樂園
更讓人心情激動的地方在前面等著我們。

第 5 章

自我「回饋」，
離目標更近

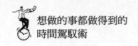

29 每天 5 分鐘回饋

就像地面上有汽車行駛的車道一樣，天上也有飛機
行駛的航道，但令人驚訝的是，飛機在飛行時間中，有
99％其實並不在規定的航道上飛行。飛機會因為風、氣
流和雲層而上下來回移動，脫離正常航道，因此自動導
航裝置和機長都要繼續調整，使飛機回到正常航道（見
圖表 5-1）。然而，雖然飛機一直脫離正常航道，但除
了特殊情況，大部分的飛機都能按照規定的到達時間抵
達目的地。

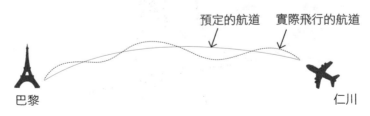

圖表 5-1　飛機航道的變化

　　我們設定目標、安排計畫和執行的時候也類似這樣，一開始沒有按照計畫好好走，不斷出現失誤，或是會遇到很多意想不到的障礙物而脫離計畫，這時我們需要針對目標、計畫和執行方法進行快速的調整，這整個調整過程的開始，就是「回饋」。

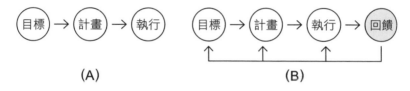

圖表 5-2　導回正軌的流程

　　有沒有做回饋會造成很大的差異，如果像圖表 5-2 的 (A) 沒有做回饋，那麼就無法及時根據情況修改目標、計畫和執行方式；相反地，如果像圖表 5-2 的 (B) 以一天或一週為單位來進行回饋，就可以調整和修改目標和計畫，提高實現目標的機率，因此「回饋」對於實現目標和自身的成長能發揮非常重要的作用。

　　有個人以「回饋」聞名，他就是 20 世紀最頂尖的經濟學家，也是創立現代經營學的彼得・杜拉克（Peter Ferdinand Drucker）。他認為自己成功的祕訣

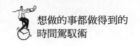

就是「回饋」，並且說雖然五十多年來都不斷做回饋，但每當看見效果的時候都會感到非常驚訝。

當杜拉克 18 歲在圖書館讀書時，偶然發現了一本傳教的祕籍，那本書中有這麼一句話：「立即寫上你期待的成果，在一定時間之後比較實際成果和你的期待。」他感嘆這本單純的祕籍，制定了回饋分析法，並且一生都在實踐。回饋分析是從回顧一天開始，在一天之內檢驗自己為實現目標所做的努力，並在意料之外的成果中尋找自己的優勢，讓自己成長。要想完成某件事，首先要掌握自己的優點是什麼。

為了確實掌握自己的優勢，我們最好對自己的計畫和執行狀態進行回饋，不需要在這裡花很多時間，只要睡前撥出 5 分鐘就夠了。執行「每天 5 分鐘回饋」，你會發現 3 個好處：(1) 強化並集中自身優勢，(2) 改善不良習慣，(3) 排除不必要的努力。

每天 5 分鐘回饋法

1. 只抽出 5 分鐘的時間。
   儘量不要超過 5 分鐘。

2. 以逆向順序來回顧一整天。
   按逆向順序來回顧一整天不是一件容易的事情，但是一定要按照逆向順序進行。這方法會讓我們的記憶力變好，集中力也會變強（也能提前預防阿茲海默症）。

3. 在計畫表或筆記本裡寫出兩項今天做得好的事（或優點）和一項需要改善的事。
   以逆向順序回顧一天，寫下兩項以上做得好的事或優點。但是需要改善的地方絕對只能寫一項，這是為了讓我們把焦點放在自己的優點和優勢上（見筆記本「❶❽每天 5 分鐘回饋）。

「回饋」的核心技能是觀察與記錄，用 5 分鐘來回顧一整天，就能感覺到自己的觀察力和記憶力大大提升。而且，寫下來與只記在腦海中不同，我們可以從紀錄中清楚看到哪些是優點和需要改善的部分。就抽出 5 分鐘的時間吧，這個時間將使剩下的 23 個小時 55 分鐘變得更加生動且有價值。此外，還可以透過回饋來客觀

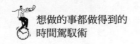
地看待自己的生活，製造讓自己提升一個階段的契機，
人們會再次體悟到蘇格拉底（Socrates）的「了解你自
己」這句話有著多麼深奧的含意。

30 撰寫 21 天的感謝日記

　　如果想要有意義地度過時間，我們需要什麼呢？答案是要對時間懷抱著感恩之心。**感恩之心把我們帶到了生命的深處，讓我們領悟人生中珍貴的東西是什麼，也讓我們知道應該把生活的焦點放在哪裡，同時，感恩之心也能夠培養自制力，保持生活的均衡。**

　　美國東北大學（Northeastern University）心理學教授大衛·德斯泰諾（David DeSteno）以成人為對象，進行了一項將自制力與未來成功相連結的實驗。他對第 1 組指示「請回憶感恩的瞬間」，對第 2 組指示「請回憶沒有任何感情的瞬間」，對第 3 組指示「請回憶感受到幸福的瞬間」。

　　幾分鐘後，他讓受試者在 A 方案（一年後得到 100 美元）和 B 方案（現在馬上得到 18 美元）之中選擇一個，結果第 2 組和第 3 組有更多人選擇了 B 方案，第 1

組則比較多人選擇了 A 方案，而且第 1 組的受試者與其他兩組相比，選擇 A 方案的人多出了 2 倍以上。透過這個實驗，研究人員表示：「感謝的心會降低血壓和心跳數，並減少不安和憂鬱感，並且認為未來是有價值的，因此會增強自制力。」

一般來說，我們的注意力會不平衡地傾向於關注負面，這是為了讓大腦感到擔心，這樣大腦才會集中精力去解決錯誤的事。而「感謝日記」則是將傾向負面的關心轉變為正面的一種方法，只要寫下當天值得感謝的 3 件事情，就能將我們的關心引至正面的方向。

美國賓州大學心理學系的馬丁‧賽里格曼（Martin E. P. Seligman）教授被譽為正向心理學的創始人，他曾對感謝日記進行了實驗。馬丁‧賽里格曼教授透過網路找來 411 名受試者，讓他們每天寫下 3 件值得感謝的事情，並在 6 個月的時間裡持續檢查受試者的憂鬱症狀和幸福感。研究結果顯示，受試者的憂鬱症狀減少了，而幸福感增加了。

美國的馬克隆（McCullough）博士為了測試感謝日記，招募了 300 名大學生擔任受試者，並把他們分為 3 組，每組 100 人。他對 A 組下達「把今天發生的事情

都寫下來」的任務，對 B 組指示「把今天心情不好的事情都寫下來」，另外對 C 組則表示「把今天感謝的事情都寫下來」。

接著，他在 3 週後公布研究結果，他發現 A 組和 B 組跟朋友吵架的次數增加了，也有人與戀人分手，還有人得了胃腸疾病。相反地，C 組的人則說這 3 週以來都非常幸福，幾乎沒有人說自己感到有壓力，也沒有人生病，他們的表情都很開朗，充滿活力（見圖表 5-3）。

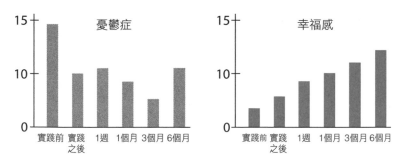

圖表 5-3　馬丁・賽里格曼教授的感謝日記實驗結果

以相對論原理著稱的愛因斯坦（Albert Einstein）在求學時期，曾面臨拉丁語、地理、歷史科目都不及格的情況，最終也因此大學入學考試落榜了。他在成為

學者之前，過著相當貧窮的生活，尤其是年輕時非常窮困，常常用一塊麵包和水來解決溫飽問題。

有一天，愛因斯坦正在吃飯時，他的朋友們來訪了，他們看到愛因斯坦餐桌上簡陋的食物嚇了一跳，說道：「不會吧，只有一塊麵包和一杯水就是你全部的飯菜嗎？如果你過得這麼辛苦，不是應該跟我們說一聲嗎？」

此時，愛因斯坦面露微笑答道：「你們在說什麼？我正在享受晚餐呢。你們看，我正在吃鹽、白糖、麵粉、烘焙粉、雞蛋和水，再加上還有你們這些好客人，這不就是很棒的晚餐嗎？」

愛因斯坦非常自然又堂堂正正地說出這些話，朋友們聽了只能微笑以對。愛因斯坦感謝一切，他不僅感謝人，也感謝一切事物，他曾經在實驗室對著量杯說：「因為有你，才能做這麼重要的實驗，謝謝你，量杯。」也曾對吵吵鬧鬧的社區小狗說：「多虧你早上叫醒我，我才能早起，謝謝你，小狗。」愛因斯坦晚年坦白地說出他成功的祕訣就是「感謝之心」，實際上，先前取得偉大發現的科學家曾付出的辛勞和熱情，愛因斯坦都時刻銘記在心，並對此表示感謝。

　　我們也來回顧一下自己的一天，尋找值得感謝的事情並寫下來吧。感恩之心會讓我們更健康、更積極地去改變每一天，也能讓我們把計畫好的工作做好。感謝日記最重要的是每天堅持寫下去，與其一開始就想寫很多，不如在第一週像熱身一樣，每天只寫一件感恩的事情，然後在第二週再增加到每天寫兩個，讓我們在 21 天內記錄值得感謝的事，再來檢視我們的生活整體上發生了什麼變化（見筆記本「❶⑨ 感謝日記」）。

「世上最明智的人是不斷學習的人，世上最強大的人是戰勝自己的人，世上最幸福的人是感恩一切的人。」

—— 猶太教著作《塔木德》

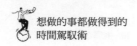

31 結束一天的確認清單

「遊戲和運動都很有趣,但為何學習會這麼無趣?」

這個理由我們可以在「回饋」中找到。遊戲設有能細微調整的難易度和使用者等級,可以立即確認排名和分數;在運動方面,越努力鍛鍊的同時,實力也會隨之提高,例如,雖然昨天只拉了 10 次單槓,但今天熱情高漲,拉了 15 次單槓,就感覺手臂好像變粗了。

相反地,學習這件事在外觀上並沒有太大的變化,學 1 個小時或 3 個小時,大腦的大小還是相同。雖然不知道腦細胞是不是發生了什麼變化,但至少表面上是看不出任何改變。在學習的過程中,我根本不知道自己做得好不好、這樣下去行不行、我身在哪裡、我要走向哪裡,以及還要走多遠。因為沒有立即的「回饋」,讓人覺得學習又累又無聊。

時間管理也是如此,如果「回饋」沒有立即出現,

就會因為不知道自己做得好不好、應該做多少，以及要到達目標還需付出多少努力，而難以持續很久。如果不能用肉眼看到回饋，就會感到厭倦，不想重複度過相同的一天，因此為了持續做好時間管理，我們需要快速做出回饋。如果比昨天更加努力朝著目標前進，那麼只有親眼看到成果，才能增加樂趣。透過這些，可以判斷我們做得好不好，也可以根據情況修改目標和計畫，回饋在各方面都發揮了非常重要的作用。

在結束一天的時候，最好自己提出問題，並回答問題，回饋自己今天一天過得怎麼樣。提問有喚醒精神和讓人成長的力量，能幫助我們跳脫習慣性思維，讓我們列出一張提問清單，幫助自己愉快、充實地度過一天吧。在擬定清單上的問題時，比起被動的態度，若能以主動的態度來設定問題會更好。

清單擁有的力量是能讓自己動起來，朝目標邁進。「對（某事）盡全力了嗎？」這樣的提問是比起結果更注重過程的問題。不是問成功了還是失敗了，而是問在特定的條件下，我們有沒有做出力所能及的努力。若是這樣的提問，我們的感覺和熱情就會更加強烈，並能促使我們實際行動。

在制定「3 週確認清單」前，請先預測自己會做幾天的回饋（設定會做幾天回饋，或立志一定要實踐 3 週），然後在「我今天為實現（某事）而竭盡全力了嗎？」的提問括號中，填上自己想要做到的事，例如：減肥、上瑜伽課、在午夜 12:00 之前睡覺、建立正向的人際關係、增加人脈等。

在圖表 5-4 的範例中，第 1 週「寫部落格」的計畫

成長確認清單

姓名 金計畫
目標日 <u>21</u> 日

我今天為了完成 ☐ 是否竭盡全力？		1	2	3	4	5	6	7	平均
第1週	1. 積極的行動	9	8	7	8	9	9	8	8.3分
	2. 正向的人際關係	7	9	8	9	6	9	7	7.9分
	3. 寫部落格	8	9	6	-	9	-	-	4.6分

我今天為了完成 ☐ 是否竭盡全力？		8	9	10	11	12	13	14	平均
第2週	1. 積極的行動	8	7	9	8	7	9	9	8.1分
	2. 正向的人際關係	7	6	8	9	8	7	9	7.7分
	3. 減肥	8	9	6	8	9	8	9	8.1分
	4. 念外文	8	9	5	8	9	8	6	7.6分
	5. 發現別人的優點	9	9	7	7	9	8	9	8.3分

圖表 5-4　確認清單範例

並不順利，所以先向後延，第 2 週加入了「減肥」到確認清單中。確認清單可以隨時調整，好讓清單符合自己的目標。第 3 週最多可以填寫 7 個待核對的項目，當然，如果只想寫 3 個項目，只想針對 3 項給予回饋也沒關係，只要盡你所能去做就可以了（見筆記本「❷ 成長確認清單」）。

　　像這樣對一天進行回饋時，確認清單將成為核對我們是否朝著正確方向前進的指標。確認清單不是為了別人而設置，而是一個為了讓自己打分數的系統，因此我們每天都要對自己提問，確認自己對寫下的分數是感到失望，還是覺得要更加努力？只要實行 3 週，我們的生活就會變得更加緊密。若能堅持用客觀的方式來觀察自己的確認清單，並進行回饋練習，就能減少不必要的行動和工作，也會活出一個比起結果，更專注在過程的人生。那樣的我們，就會變得像鑽石般堅硬。

32 以觀察者的身分來看「我」

　　為了讓我們成長，準確掌握自己的現狀和優缺點是很重要的，要仔細回顧自己今天的行動，並了解自己哪裡做得好、應該修正什麼等。為此，我們需要一個觀察者，他要具有銳利的雙眼，並能夠非常客觀地看待我，這個觀察者必須時時刻刻無私且準確無誤地對我的行為與心態提出忠告和建議。

　　另一方面，如果觀察者要仔細觀察我，並提出正確的建議，那他需要「我和意識（觀察者）之間的距離」。簡單來說，用「我的意識」做為觀察者來看待自己時，意識和自己的距離很重要，這就如同把東西放在對方眼前 2 公分的地方，要對方談談這個東西，讓他很難看清楚。想要掌握某種東西，就必須與其保持適當的距離。同樣地，在了解自己時，擁有能夠正確看待自己的距離也很重要，距離越遠，我們就越能獨立，不會輕

易被世界和周遭環境所影響，能夠正確地分析自己。

二戰時期，奧斯威辛集中營（Konzentrationslager Auschwitz）的囚犯生存率低於 1%，在這裡生存下來的精神科醫生維克多・弗蘭克（Viktor Emil Frankl）研究了「哪些人會活下來，哪些人會支撐不住而死亡」，他認為原因就是「意識之間的距離」。也就是說，與意識距離越遠的人，生存的機率越高。

當我們從外部受到某種刺激時，如果我和意識之間的距離太短，那麼會立刻對刺激做出反應，像是有人對自己說什麼就立刻回敬，或者加倍奉還，這就是我和意識之間距離過短而產生的現象。

相反地，和自我意識距離較遠的人受到刺激時，不會立即做出反應，而是先思考：「為什麼這個刺激會向我襲來？這個刺激對我有什麼意義？我應該乖乖接受這種刺激嗎？」意識要在充分思考我們受到的刺激後，再做出反應，即使接到負面訊號，這樣的距離能讓它有足夠的時間來改變應對方式。

自身與意識之間的距離，讓我們能夠正視自己，也因為如此，我們可以在每個瞬間向自己提出問題，並糾正錯誤的方向。

　　把自己當作住在隔壁的人一樣看著自己，無私且不帶任何感情地看著吧。就像下象棋時，從旁邊觀察能看清路數一樣，站在第三者的立場上，才能把自己要走的方向和前面的路看得更清楚。當事人被埋沒在情況中，會很難做出正確的判斷，當我們能客觀且透明坦率地看待自己時，就能看到自己的不成熟之處，並透過努力來改正，讓自己成長為更好的「我」。

33　發揮冥想的力量

2003 年 5 月 18 日，世界最高峰聖母峰舉辦了登山馬拉松大賽，該大賽以陡峭的坡度和冰川地帶等艱難的路線，被譽為世界上最困難的馬拉松大賽之一。從海拔 5,364 公尺的聖母峰大本營到海拔 3,446 公尺的喜馬拉雅村南奇巴扎，全程約 42.195 公里。

在比賽中，有人以最高齡（85 歲）跑完全程，他就是韓國的朴禧善博士（《生活參禪》〔생활참선〕的作者）。跑完全程的 32 人中，有 25 人是夏爾巴人（生活在喜馬拉雅山脈聖母峰南部的藏裔尼泊爾人）。登上出發點大本營花費了 15 天時間，一起上去的夏爾巴人看到氣喘吁吁的朴禧善博士後感到很神奇，所以問他：「你爬到海拔幾公尺才會頭暈？」日本的《朝日新聞》、《讀賣新聞》和《每日新聞》等媒體也爭先恐後地報導了這位「八旬超人老人」的故事。

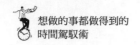

為了維持人體所有器官和組織的功能，人類必須獲得一定濃度的氧氣，空氣中含有 21％左右的氧氣，如果氧氣濃度低於 18％，就會處於缺氧狀態，如果低於 16％，就會出現因缺氧而頭痛、嘔吐、頭暈、記憶力減退與消化不良等症狀，並且每增加 2 公里高度，氧氣的濃度就會減少 2％。

只有征服聖母峰或獲得國際馬拉松大賽冠軍的人才有資格參加這場比賽，朴禧善博士是吉力馬札羅山（Mount Kilimanjaro）和梅樂峰（Mera Peak）的最高齡登頂者，已經被載入金氏世界紀錄。繼 1995 年首次登上喜馬拉雅山脈大本營（海拔 5,400 公尺）後，1996 年又登上了梅樂峰（海拔 6,654 公尺）。他在 82 歲的 2001 年登上了非洲最高峰吉力馬札羅山（海拔 5,895 公尺）。他為什麼能辦到？答案是「冥想」。

在東方，大部分的人認為冥想是一種宗教的修行法或健康管理法，但在西歐，冥想的範圍正在擴大到開發力量的層面。包括谷歌在內，亞馬遜、蘋果、臉書等跨國企業所在的矽谷會舉行 Wisdom 2.0 會議，該會議經常使用的技巧也是冥想。

打造蘋果創新思維和熱銷產品的史蒂夫・賈伯斯

也在年輕時接觸過冥想，並將其融入生活。最近，美國紐約出現了名為「Be Time」的特色巴士，令人驚訝的是，它是一輛在車內進行冥想課程的冥想巴士。「Be Time」巴士每天在曼哈頓各處移動，提供冥想課程，成為忙碌於日常生活的城市人的小小休息空間，並且隨著口耳相傳和社群軟體的推播等，「Be Time」巴士逐漸廣為人知，很多人在搭乘巴士時接受了冥想課程。

生活參禪冥想法

1. 鋪上蓆子或坐墊後坐下。
2. 要盤起腿來打坐。
   起初無法正確打坐也沒關係，可以先只是簡單的盤腿坐下，輕鬆地開始。
3. 腰要挺直，向前稍微傾斜。
4. 像頭髮被天上拉住一樣將頭抬正。
5. 參禪時兩眼微睜，不要全閉或全部張開，這點很重要。
   在座位上望向前方約 60 公分處即可。
6. 把舌頭貼在上顎。
7. 把手疊好，包住肚臍底部。

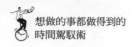
8. 慢慢呼氣，吸氣。

　　剛開始呼氣 6 秒，然後吸氣 4 秒，呼氣和吸氣比率定為
　　3：2，時間之後依此越拉越長。

9. 設定時間。

　　初學者最好將冥想一次的時間定為 15 分鐘～ 20 分鐘。

　　像這樣以冥想來獲得靈感和洞察力，能夠迅速喚醒
人們的力量，包含安定身心、控管壓力、提升專注力、
開發創意力等，其中創意力的開發和專注力的提升有助
於加快我們處理業務的速度，使時間管理更加有效率。
在這個令人窒息的數位世界裡，讓我們抽空回顧一下自
己的內心，好好反省一下吧！冥想的時間會為你帶來專
注力、靈感、洞察力，以及創造力等巨大的禮物。

後記
「自我控制」是時間管理的答案

　　我們所想像中的時間管理不是那麼簡單，因為時間管理中其實隱藏著自我管理。時間管理是對付另一個「我」，喚醒並安慰那個總是覺得疲憊、總是想要休息、總是想要玩樂的我，並引導自己朝著理想的方向前進，這就是自我管理和時間管理。

　　如果不談自我節制而只說時間管理，那麼就像要駕駛沒有煞車的汽車去目的地一樣。例如，你想和朋友們一起去江陵海邊旅行而申請租車，租賃公司說他們有兩輛車，A 是真的很棒的超級跑車，這款跑車擁有 6 個汽缸的發動機、最高級皮質座椅、聲音飽滿的音響，而且最高時速可達 350 公里等，它擁有各種厲害的功能和裝飾，是一款高級跑車，但是它沒有煞車。B 是輕型車，它有 3 個汽缸、簡單織物座椅、一個聲音普普通通的音響，它的最高時速是 80 公里，這輛車沒有太多功能，但它有煞車。

　　這兩輛車中，你要選擇開哪輛車去江陵呢？不對，

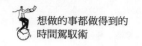

是要想哪輛車能開到江陵！並不是夠高級才是好車，而是要好開才是好車，好車必須要能讓我們順利到達目的地才行。

　　時間管理也是如此，只有把時間管理的核心——「自制力」控制好，才能得到想要的結果。自制力是指自我控制。站在痛苦和快樂的十字路口，比起瞬間的快樂，我們必須為了美好的未來而選擇痛苦，痛苦和快樂就像硬幣的兩面，享受快樂後會有痛苦，忍受痛苦後會有快樂，這是非常淺顯的道理。

　　假設有一個可以儲存痛苦的銀行（痛苦銀行），每當你忍住瞬間的快樂，把痛苦存入銀行，讓痛苦在你的帳戶中漸漸累積起來，之後你回頭領取，就會得到快樂，而且連同利息一起回報給你。如果儲蓄了 100 個痛苦，就能得到 100 個快樂＋利息的 10 個快樂，總共獲得 110 個快樂。相反地，如果先在痛苦銀行借貸快樂，之後就要用痛苦來償還，也就是如果你貸款了 100 個快樂，就要用 100 個痛苦＋利息的 10 個痛苦來償還，總共要付出 110 個痛苦。

　　美國著名作家吉姆・羅恩（Jim Rohn）說：「在人生中，必將經歷兩個選項的其中一個。」我們要麼在節

制的過程中產生痛苦，要麼過著不節制的生活而承受痛苦的後果。反正必定要遭遇痛苦，那不如先經歷。雖然要放棄眼前的快樂而選擇痛苦絕非易事，但如果這輩子想要實現什麼理想，那麼一定要先培養自制力，從節制中得來的清醒意志和身體就像鋒利的刀刃，可以讓眼前的事情迎刃而解。

「只有時時刻刻不停努力的人，才能擁有自己的天堂。」

—— 歌德（Johann Wolfgang von Goethe），德國作家

翻轉學 翻轉學系列 103

想做的事都做得到的時間駕馭術

人生時間盒、時間收據、人生兌換券……20 種時間管理法寶，
讓你分秒不浪費，拒當時間貧民

행복한 사람은 시간을 잘 씁니다 : 원하는 것을 모두 이뤄주는 4 단계 시간 사용법

作　　　　者	朴大輝（박대휘）
譯　　　　者	楊筑鈞
封 面 設 計	張天薪
內 文 排 版	黃雅芬
行 銷 企 劃	陳豫萱・陳可錞
出版二部總編輯	林俊安

出　　版　　者	采實文化事業股份有限公司
業 務 發 行	張世明・林踏欣・林坤蓉・王貞玉
國 際 版 權	鄒欣穎・施維真・王盈潔
印 務 採 購	曾玉霞・謝素琴
會 計 行 政	李韶婉・許俽瑀・張婕莛
法 律 顧 問	第一國際法律事務所　余淑杏律師
電 子 信 箱	acme@acmebook.com.tw
采 實 官 網	www.acmebook.com.tw
采 實 臉 書	www.facebook.com/acmebook01

I　S　B　N	978-626-349-096-3
定　　　　價	380 元
初 版 一 刷	2023 年 1 月
劃 撥 帳 號	50148859
劃 撥 戶 名	采實文化事業股份有限公司
	104 台北市中山區南京東路二段 95 號 9 樓
	電話：(02)2511-9798　傳真：(02)2571-3298

國家圖書館出版品預行編目資料

想做的事都做得到的時間駕馭術：人生時間盒、時間收據、人生兌換
券……20 種時間管理法寶，讓你分秒不浪費，拒當時間貧民／朴大輝
（박대휘）著；楊筑鈞譯 . -- 初版 . - 台北市：采實文化，2023.01
208 面；14.8×21 公分 . -（翻轉學系列；103）
譯自：행복한 사람은 시간을 잘 씁니다 : 원하는 것을 모두 이뤄주는 4 단
계 시간 사용법
ISBN 978-626-349-096-3（平裝）
1.CST: 時間管理 2.CST: 生活指導 3.CST: 成功法
177.2　　　　　　　　　　　　　　　　　　　　111018549

采實出版集團
ACME PUBLISHING GROUP
版權所有，未經同意不得
重製、轉載、翻印

翻轉學

翻轉學